Brigitte Wilmes-Mielenhausen

Spiele für ganz Kleine

SPIEL UND BESCHÄFTIGUNG FÜR KINDER VON 1-3

Brigitte Wilmes-Mielenhausen

Spiele für ganz Kleine

SPIEL UND BESCHÄFTIGUNG FÜR KINDER VON 1-3

CHRISTOPHORUS

Jeder Tag ist Spieletag

Heute ist ein besonderer Tag

Jeder Tag ist Spieletag

Kleine Kinder spielen gern. Wenn wir aufgeschlossen sind für ihre Bedürfnisse, dann dürfte es uns nicht schwer fallen, ihnen das richtige Spiel zur richtigen Zeit vorzuschlagen. Denn Kinder signalisieren uns meist, was sie gerade brauchen: Ruhe und Entspannung, Trost und Nähe oder Bewegung und Tobespiele. Dieses Buch möchte Ihnen hierfür zahlreiche Anregungen und Tips geben. Es knüpft vor allem an alltägliche Lebenssituationen der Kinder an. Sie können aus den Dingen des Alltags im Handumdrehen ein Spielzeug machen: Becher und Dosen aus dem Küchenschrank können geräuschvoll gegeneinander geschlagen oder übereinander gestapelt werden. Aus Decken kann man eine Höhle oder einen Berg bauen. Und mit Papierresten läßt sich noch viel anfangen.

Ohne große Vorbereitungen können Spiele aus konkreten Situationen heraus improvisiert werden. Mit Decken, mit Kartons, mit Luftballons, mit Bällen und Seilen oder ganz einfach mit den eigenen Fingern. Ganz gleich, ob bei alltäglichen Verrichtungen, wie Waschen, Baden, Zähneputzen, Aufstehen oder Zubettgehen, ob im Zimmer oder im Freien, ob bei Regen oder Sonnenschein, an langen Tagen oder in langen Stunden, ob an einem ganz gewöhnlichen oder an einem ganz besonderen Tag, wie Geburtstag oder Ostern:

Jeder Tag
    ist Spieletag!

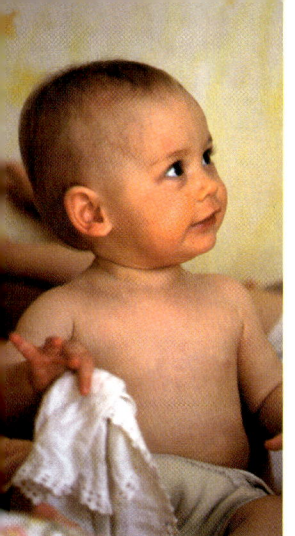

Guten Morgen, liebe Sonne, gute Nacht, lieber Mond

Kleine Kinder erleben den Tagesablauf

Erst ganz allmählich erfahren kleine Kinder, daß der Tag aus immer gleichen, wiederkehrenden Abläufen besteht: Sie lernen durch Erfahrung, daß man nachts in der Dunkelheit schläft, daß des Morgens die Sonne aufgeht, daß man sich anzieht und wäscht, frühstückt, spielt, ißt und schließlich, wenn der Mond schon durchs Fenster schaut, zu Bett geht. Vielleicht noch eine kleine Gutenachtgeschichte, und das Licht geht aus.

Es ist wichtig, daß wir von Anfang an darauf achten, daß die einzelnen Stationen des Tages für das Kind deutlich erkennbar sind und sich in einem bestimmten Rhythmus wiederholen. Kinder haben ein starkes Bedürfnis nach solchen Wiederholungen. Sie sind stolz, wenn sie bekannte Abläufe wiedererkennen und nachvollziehen können. Das erleichtert es den Kleinen, sich in der für sie noch recht unübersichtlichen Welt zu orientieren. Auf diese Weise entwickeln sie ein Gefühl von Sicherheit und Vertrauen.

Aufstehen, aufstehen!

Wenn Ihr Kind wach geworden ist und Ihnen zeigt, daß es aufstehen möchte, dann können Sie es mit einem Vers begrüßen: Vielleicht ziehen Sie vorher die Vorhänge auf, so daß ein wenig Tageslicht ins Zimmer scheint.

Guten Morgen

Guten Morgen, guten Morgen,
winken wir uns zu!
Guten Morgen, guten Morgen,
sagen ich und du.
Halloo, hallooo ...

Guten Morgen, guten Morgen,
klatschen wir uns zu!
Guten Morgen, guten Morgen,
klatschen ich und du.
Pitsch-patsch, pitsch-patsch.

▶ Sprechen oder singen Sie den Vers, und winken Sie dabei mit der Hand, mit einem bunten Tuch oder einer Stoffwindel.

▶ Bei der zweiten Strophe klatschen Sie in die Hände und patschen zum Schluß auf die Bettdecke des Kinderbetts.

Teddy sagt: „Guten Morgen"

Setzen Sie einen Stoffbären oder ein anderes Kuscheltier wie eine Hand-puppe ein, die mit dem Kind spricht.

Hallo, lieber Lucas,
die Nacht ist vorbei.
Gleich geh ich ins Bad,
und dann gibt es Brei.

Doch vorher muß ich
die Zähne bürsten,
das Gesicht fein waschen,
den Rücken putzen,
muß kämmen mir mein Bärenfell,
das macht viel Spaß
und geht ganz schnell!
Komm mit mir zum Waschen,
dann bin ich nicht so allein,
du wirst schon sehen,
gleich duften wir fein.

▶ Teddy begrüßt das Kind durch Winken, streichelt seine Wange, zeigt Richtung Badezimmer, deutet Essen an,

▶ deutet Zähneputzen an, zeigt auf sein Gesicht, dreht sich um, zeigt den Rücken, streicht sich über Kopf und Körper.

Der Kuckuck ruft

Aufstehen, aufstehen,
der Kuckuck hat geschrien.
Die Sonne scheint durchs Fenster rein,
begrüßt die wachen Kinderlein.
Aufstehen, aufstehen,
der Kuckuck hat geschrien.
Kuckuck-kuckuck-kuckuck!

▶ Imitieren Sie mit Ihrer Stimme einen Kuckuckruf. Dabei können Sie Lautstärke und Ton-höhe immer wieder verändern.

Heraus aus dem Bettchen

Heraus aus dem Bettchen, heraus,
heraus.
Die liebe Frau Sonne, die lacht dich
sonst aus.
Sie geht schon spazieren im strahlenden
Kleid
und fragt sich, wo bleibt denn der Peter
bloß heut?
Drum schnell in die Strümpfe, in Hose
und Kleid.
Guten Morgen, Frau Sonne, es wird
höchste Zeit!
Überliefert

▶ Bei diesem Spiel können Sie das Kind aus dem Bett heben, zum Fenster gehen und den neuen Tag betrach-ten. Nun geht es weiter zur morgendlichen Körper-pflege und zum Anziehen.

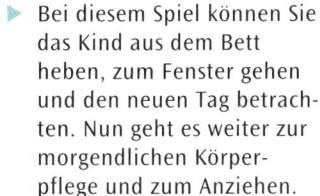

Wickeln und Waschen

Gerade bei kleinen Kindern nimmt die tägliche Körperpflege recht viel Zeit in Anspruch, besonders wenn Kinder noch gewickelt werden müssen. Körperpflege ist aber auch eine Zeit intensiver Nähe, in der eine innige Zwiesprache über Blicke, Gesten und Liebkosungen möglich ist. Dehnen Sie diese Zeiten der Zuwendung ruhig ein bißchen aus. Sie und Ihr Kind können dabei intensive Zweisamkeit genießen.

Beim Wickeln

Hampel und Strampel

Guten Morgen, ihr Beine!
Wie heißt ihr denn?

Ich heiße Hampel.
Und ich heiße Strampel.
Ich bin das Füßchen Übermut
Und ich das Füßchen Tunichtgut.
Übermut und Tunichtgut
gehen auf die Reise.
Patsch durch alle Sümpfe,
naß sind Schuh und Strümpfe.

Schaut die Katze um die Eck,
laufen alle beide weg.
Überliefert

▶ Über die Beine des Kindes streicheln,

▶ rechtes Bein anheben,
linkes Bein anheben,
rechtes Bein anheben,
linkes Bein anheben,
beide Füße greifen und
Laufbewegungen andeuten,
bei „patsch" und „naß" die Beine
zusammen auf den Wickeltisch
stupsen,
▶ betont nach allen Seiten gucken, mit
den Beinen des Kindes schnelle Laufbewegungen ausführen.

Eine kleine Schnecke

Eine kleine Schnecke
geht den Berg hinauf.
Eine kleine Schnecke
geht den Berg hinauf.
Und dann wieder runter,
und dann wieder runter,
auf den Bauch,
auf den Bauch.
Überliefert

▶ Zwei Finger gehen an der linken Körperseite des Kindes hoch bis zum Scheitel.

▶ Nun laufen die Finger rasch an der rechten Seite hinab und kitzeln das Kind am Bauch.

Beim Waschen

Heute wird gewaschen

Melodie:
Die fleißigen Waschfrauen

Zeigt her eure Füße,
zeigt her eure Schuh.
Und sehet beim fleißigen
Waschen einmal zu:

Wir waschen, wir waschen,
wir waschen das Gesicht,
wir waschen, wir waschen
noch besser geht das nicht.
Zeigt her eure Füße ...

Wir waschen, wir waschen,
wir waschen jetzt den Bauch,
wir waschen, wir waschen
der Daniel kann das auch.
Zeigt her eure Füße ...

Wir waschen, wir waschen,
wir waschen nun den Rücken,
wir waschen, wir waschen,
das kann uns sehr entzücken.
Zeigt her eure Füße ...

Wir waschen, wir waschen,
wir waschen jetzt den Po,
wir waschen, wir waschen,
und das geht so und so.
Zeigt her eure Füße ...

Wir waschen, wir waschen,
wir waschen deine Beine,
wir waschen, wir waschen,
und ganz zum Schluß dann meine.
Zeigt her eure Füße ...

Wir waschen, wir waschen,
wir waschen jetzt das Haar.
Wir waschen, wir waschen,
dann kommt die Dusche aaaah!

▶ Sprechen oder singen Sie die Verse zu den einzelnen Handlungen beim Waschen. Dabei können Sie die Reihenfolge verändern.
Vielleicht fallen Ihnen auch noch weitere Strophen ein.

In meiner Badewanne bin ich Kapitän

Baden – ein sinnliches Vergnügen

Das Baden in der Wanne ist für Ihr Kind mehr als nur Körperpflege. Es ist ein sinnliches Vergnügen, das ihm viel Spaß und Wohlbefinden bereitet. Entdecken Sie doch einmal gemeinsam mit Ihrem Kind, welche vielfältigen Möglichkeiten das Element Wasser bietet: Man kann mit den eigenen Händen aufs Wasser patschen, das Wasser schaufeln und Wellen machen. Man kann ins Wasser pusten und blasen oder es durch Strampeln und Treten aufwühlen, als wäre es ein gewaltiges Meer. Man kann es genußvoll über den Körper rinnen lassen. Entdecken Sie mit Ihrem Kind gemeinsam sein Lieblingsbadespiel. Das kann dann bei jedem Bad gespielt werden.

Die Minidusche

Lassen Sie Wasser in leere Plastikflaschen von Shampoo, Kinderbadeöl usw. laufen. Eventuell können Sie die Öffnung der Flaschen mit der Schere vergrößern, damit sich problemlos Wasser einfüllen läßt. Besonders interessant ist es, wenn Sie vorher – etwa mit einer heißen Stricknadel – Löcher in die Unterseite gebrannt haben. So kann das Wasser wie bei einer Dusche aus den feinen Öffnungen herausrinnen. Ihr Kind kann das sinnliche Vergnügen genießen, immer wieder das Wasser über den Körper rieseln zu lassen. Außerdem schwimmen die Flaschen sogar wie ein Floß auf der Wasseroberfläche.

Alle meine Entchen

Alle meine Entchen,
schwimmen auf dem See,
schwimmen auf dem See,
Köpfchen in das Wasser,
Schwänzchen in die Höh.
Überliefert

Variation:
Lassen Sie zu dem Lied einzelne Körperteile des Kindes verschwinden und wieder auftauchen, „Hände, Füße, Finger … in das Wasser, Finger in die Höh" usw.

▶ Patschen Sie zu diesem bekannten Lied mit den Handflächen auf die Wasseroberfläche, so daß es klatscht und spritzt.

Tiefseetaucher

Lassen Sie unterschiedliche Gegenstände, die nicht schwimmen können, einen Kieselstein, eine Murmel, eine Puppentasse, einen Schlüssel, auf den Grund der Badewanne sinken. Nun darf Ihr Kind versuchen, die Teile unter Wasser zu finden. Kleine Kinder werden dabei aufrecht in der Badewanne sitzen. Größere Kinder, die schon Schwimmerfahrung haben, dürfen ruhig den Kopf unter Wasser stecken, wenn ein Erwachsener dabei ist.

Variation:
Im Gegensatz dazu können Sie Teile auf die Wasseroberfläche legen, die schwimmen können (einen Badefisch, ein Stück Papier, einen kleinen Ball). Schließen Sie nun ein Ratespiel an. Mischen Sie die schwimmenden und nichtschwimmenden Teile. Heben Sie ein Teil nach dem anderen hoch und fragen Sie: „Schwimmt das, oder schwimmt das nicht?" Gleich kann Ihr Kind ausprobieren, ob es richtig geraten hat oder nicht.

Das Wasserpatschspiel

Pitsch, pitsch, patsch,
ein Hund fällt in den Matsch.
Die Gretel, die am Wege sitzt,
die heult, denn die ist vollgespritzt.
Pitsch, pitsch, patsch,
die Gretel ist klitschnaß.
Überliefert

Jetzt fahrn wir übern See …

Jetzt fahrn wir übern See, übern See,
jetzt fahrn wir übern See.
Jetzt fahrn wir übern See, übern See,
jetzt fahrn wir übern See.
Mit einem großen Dampfer,
Dampfer, Dampfer, Dampfer,
mit einem großen Dampfer
und gleich legt er an …
Überliefert

▶ Patschen Sie zu dem Spruch gemeinsam mit dem Kind auf die Wasseroberfläche.

▶ Aus Zeitungspapier ein kleines Boot falten oder einen Eierkarton bzw. eine Seifenschale auf die Wasseroberfläche setzen. Wenn Sie den Karton noch deutlich als Boot ausgestalten möchten, dann kleben Sie doch eine Papprorhe (von einer Toiletten- oder Haushaltsrolle) als Schornstein in die Mitte. Vielleicht kann auch ein Männchen als Kapitän hineingesetzt werden. Das Boot hält sich einige Zeit auf dem Wasser.

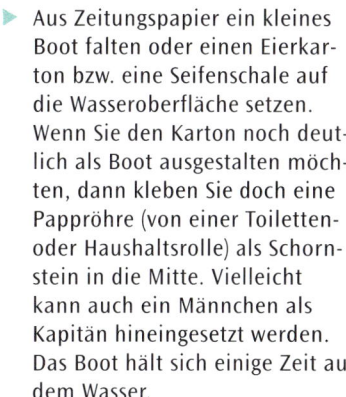

Nach dem Bad

Jetzt kommt das Handtuch

Mit dem folgenden Reim können Sie
das Kind abtrocknen:

Ein Handtuch wollt spazierengehn,
wohl in die Welt hinein.
Da sah es im Bad ein Kind noch stehn,
das war ganz naß und klein.
Das Handtuch sprach:
„So geht das nicht,
das Kind ist kalt und friert.
Ich nehme jetzt mal Anlauf gleich,
damit das besser wird."
Das Handtuch rubbelt auf und nieder,
und: ratz-fatz, rubbel-di-katz,
ganz geschwind, schnell wie der Wind,
ist trocken nun das ganze Kind.

▶ Holen Sie ein Handtuch herbei,
das Handtuch „schaut"
sich das Kind an,

▶ formen Sie mit dem Handtuch eine
Figur, die mit dem Kind spricht,

▶ trocknen Sie das Kind
von oben bis unten ab!

Spiele aus dem Cremetopf

Malen Sie mit Kindercreme oder Lo-
tion viele kleine und größere Punkte
auf Gesicht, Brust, Bauch und Rücken,
die Sie anschließend sanft verreiben.
Kinder finden es oft sehr lustig, wenn
sie über und über mit Punkten be-
deckt sind.

Punkt, Punkt, Komma, Strich,
fertig ist das Mondgesicht!

Sie können aber auch ein großes Herz
auf die Brust des Kindes malen oder
seinen Namen schreiben.
Auch der Satz „Ich liebe dich" kann
das Gefühl ausdrücken, das Sie Ihrem
Kind gegenüber empfinden.

▶ Malen Sie ein Gesicht auf den
Körper des Kindes.

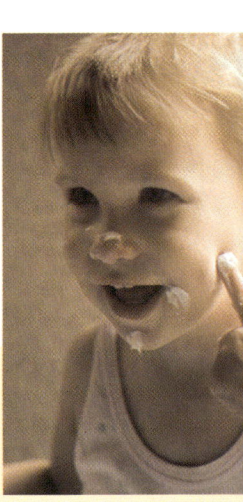

Cremen — intensive Zuwendung

Das Cremen bedeutet neben der Hautpflege auch
intensive Zuwendung. Durch die Berührung kön-
nen Energien von einem Menschen zum anderen fließen. Das ist wichtig für
die emotionale Stabilität des Kindes.

Zum Eincremen gut geeignet sind kalt gepreßte Öle, wie Sonnenblumen-,
Oliven-, Mandel-, Aprikosen- oder Johanniskrautöl, Senföl (wärmt im Winter), Kokosöl (kühlt im Sommer). Da die Öle länger brauchen, bis sie ganz
eingezogen sind, ist manchmal auch eine Körperlotion für Kinder sinnvoll.
Fürs Gesicht eignet sich eine spezielle Kindergesichtscreme.

Sanfte Streichelhände

Wenn Sie ein wenig Zeit und Muße
haben, können Sie Ihr Kind auch
einölen und massieren.
Massagespiele finden Sie in diesem
Buch (Seite 20–29).

Zähneputzen

Melodie:
Wer will fleißige Handwerker sehn?

Wer will saubere Zähne sehn,
der muß mal zum Putzen gehn.
Rundherum, rundherum,
die Bürste, die wird gar nicht krumm.

▶ Die Bürste kreisen lassen.

Wer will saubere Zähne sehn,
der muß ...
Auf und ab, auf und ab,
die Bürste, die macht gar nicht
schlapp ...

▶ Jeden Zahn von oben nach unten
vom Zahnfleisch zum Zahn bürsten – vor allem die Innenflächen
hinter den Zähnen.

Wer will saubere Zähne sehn,
der muß ...
Hin und her, hin und her,
das Putzen fällt mir gar nicht schwer.

▶ Auf den Kauflächen
hin und her bürsten.

Wer will saubere Zähne sehn,
der muß ...
Spüle fein, spüle fein,
und jetzt spuck ich ins Becken rein.

▶ Den Mund voll Wasser nehmen,
spülen und ausspucken.

Nägelschneiden

Nägelschneiden macht den Kleinen
viel mehr Spaß, wenn Sie daraus ein
Spiel entwickeln. Sagen Sie beim
Schneiden jedes Fingernagels eine
Zeile des folgenden Verses:

Das ist der Daumen,
der schüttelt die Pflaumen,
der hebt sie auf,
der trägt sie nach Haus,
und der kleine Schelm
ißt sie alle auf.
Überliefert

Früh mit Zähneputzen beginnen

Gegen Ende des ersten Lebensjahres sollten Eltern ihrem Kind die erste Zahnbürste kaufen. Dabei gibt es zunächst sogenannte „Lernbürsten", auf denen die kleinen Kinder mehr herumkauen als sich damit die Zähne zu putzen. Wichtig ist jedoch zunächst noch nicht die exakte Putztechnik, sondern die Gewöhnung an den regelmäßigen Gebrauch einer Kinderzahnbürste. Ganz kleinen Kindern wird ein Erwachsener die Zähne putzen. Doch achten Sie zusehends darauf, daß Ihr Kind dann auch selbst aktiv wird.

Man kann übrigens sehr gut den Teddybären als Vorbild zum Zähneputzen einsetzen. Er bekommt eine alte Zahnbürste in die Hand gedrückt und wird im Bad auf das Waschbecken gesetzt. Demonstrieren Sie mit seiner Hilfe die richtige Putztechnik. Daraus kann sich dann ein lustiges Zahnputzspiel ergeben.

Zu Tisch, zu Tisch:
Regeln und Rituale beim Essen

Mahlzeiten sind keine Spielzeiten! Achten Sie darauf, daß während des Essens möglichst kein Spielzeug auf dem Tisch liegt, damit sich das Kind ganz auf den Vorgang des Essens konzentrieren kann. Manche Kinder wollen schon mit einem Jahr selbständig den Löffel zum Mund führen und sind stolz darauf, wenn sie das schaffen. Ein Kind, das eigenständig essen kann, sollte nicht mehr gefüttert werden!

Manchmal matschen kleine Kinder lustvoll mit dem Essen herum und gebrauchen statt eines Löffels die eigenen Finger. Allzu strenges Eingreifen und ständiges Ermahnen bei Tisch kann Kindern im wahrsten Sinne des Wortes die Lust am Essen verderben. Allzu große Toleranz dagegen führt vielleicht dazu, daß der Spinat auf der Wohnzimmertapete landet. Hier ist dann schon ein klares „Nein" erforderlich. Doch keine Angst: Mit zunehmendem Alter wird Ihr Kind ohnedies Ihr Vorbild nachahmen und genauso wie Sie bestimmte Regeln und Tischmanieren beachten.

Übrigens: Zu Beginn des Essens können sich alle Familienmitglieder bei den Händen fassen und die Mahlzeit mit einem kleinen Spruch oder Gebet eröffnen. Dieses Ritual unterstreicht das Gemeinschaftsgefühl.

Brei essen

Wir essen heute Brei,
wir essen heute Brei,
wir essen heute süßen Brei,
sü-sa-süßen Brei,
wir essen heute Brei.
Nun kommt ganz schnell herbei!

Zu Tisch rufen

Zu Tisch kommt alle her!
Wir essen alles leer,
wir essen alle Teller leer,
wir essen auch die Schüsseln leer.
Zu Tisch kommt alle her.
Wir essen alles leer.

Tischgebet

Jedes Tierlein hat sein Essen.
Jedes Blümlein trinkt von dir.
Hast auch unser nicht vergessen.
Lieber Gott, wir danken dir.
Überliefert

Guten Appetit!

Piep, piep, piep, guten Appetit!
Jeder esse, was er kann,
nur nicht seinen Nebenmann.
Piep, piep, piep, ich hab euch alle lieb.
Überliefert

▶ Alle Familienmitglieder fassen sich bei den Händen und bewegen die Arme zum Rhythmus des Verses auf und ab.

Winke, Winke und Hallo: Begrüßung und Abschied

Das Winke-Winke-Spiel

Kleine Kinder winken gern und sagen dabei „winke-winke" oder „tschüs" zum Abschied. Diese Vorliebe können Sie in ein kleines Spiel einbeziehen. Das Kind winkt mit der Hand oder mit einem Tuch, am Fenster, wenn jemand das Haus verläßt.

In der Gruppe:
Dieses Spiel können Sie auch gut als Gemeinschaftsspiel anbieten. Die Kinder sitzen im Kreis und winken sich auf verschiedene Art zu. Das Spiel kann sowohl zur Begrüßung als auch zum Abschied gespielt werden.

„Hallo!"
Hallo, hallo, ich winke dir jetzt zu.
Mal sooo, mal sooo,
denn Winken macht mich froh.
Ich sage einmal „Guten Tag"
und auch mal schnell „Bye-bye".
Ich winke, ich winke
und freue mich dabei.

Wer kommt in meine Arme?

Dieses altbekannte Kinderspiel für die Kleinsten eignet sich besonders dann, wenn Kinder einem Erwachsenen entgegenlaufen möchten.
Der Erwachsene ruft: „Wer kommt in meine Arme?" Er breitet weit die Arme aus. Das Kind läuft ihm entgegen. Der Erwachsene greift unter die Arme des Kindes und wirbelt es im Kreis herum.

Engelchen, flieg

Dieses Spiel ist geradezu ein Dauerbrenner bei kleinen Kindern. Man kann es nicht nur zur Begrüßung, sondern auch unterwegs bei Spaziergängen spielen, wenn es dem Kind einmal langweilig werden sollte.
Zwei Erwachsene fassen das Kind am Arm, nehmen Anlauf und lassen das Kind zu dem Spruch „Engelchen, Engelchen, flieg" mit Schwung in die Höhe fliegen.
Spielt nur ein Erwachsener mit, so kann ihm das Kind entgegenlaufen, und dann wird es am Ende gepackt und wie ein kleiner fliegender Engel in die Luft geworfen.

Das Kuckuck-Spiel

Dieses Spiel eignet sich zur Überraschung, wenn beispielsweise Kinder Besuch noch nicht bemerkt haben. Der Erwachsene schaut um die Ecke und ruft: „Kuckuck". Dann versteckt er sich wieder. Kurze Zeit später wiederholt der Erwachsene das Spiel. Das Kind darf nun so lange suchen, bis es den Besuch entdeckt hat.
Das Spiel kann auch so variiert werden, daß man sich selbst unter einem Tuch oder Schal versteckt. Man fragt das Kind: „Wer bin ich denn?" Das Kind darf raten. „Papa" oder „Oma" oder … Dann kann es das Tuch wegziehen und nachsehen, wer tatsächlich daruntersteckt.

Einsteigen, der Zug fährt los:
müde Kinder spielend zu Bett bringen

Kleine Kinder signalisieren uns recht deutlich, wenn sie müde werden. Da werden die schläfrigen Augen gerieben. Da führt jedes kleine Mißgeschick gleich zu Tränenausbrüchen. Da scheint man ihnen nichts mehr recht machen zu können. Manche Kinder wollen in solchen Situationen von sich aus ins Bett. Andere hingegen wehren sich dagegen, obwohl sie vor Müdigkeit fast auf der Stelle einschlafen könnten. Besonders, wenn Kinder älter werden, zögern sie den Zeitpunkt des Zubettgehens gern mit allen möglichen Tricks hinaus. Wenn Sie Kinder spielend leicht zu Bett bringen möchten, dann versuchen Sie doch einmal eines der folgenden Spiele.

Zug, Zug, Eisenbahn

Zug, Zug, Eisenbahn,
wer will mit nach Hamburg fahrn.
Hamburg ist ´ne schöne Stadt,
die auch einen Bahnhof hat.
Tsch-tsch-tsch-tsch-tsch-tsch …
Überliefert

▶ Nach dem Abendessen setzt sich der Zug in Bewegung. Die einzelnen Familienmitglieder dürfen einsteigen. Sogar das Baby fährt auf Vaters Arm im Zuge mit. Jetzt geht es Richtung Kinderzimmer.

▶ Endstation, alles aussteigen. Nun werden die Kinder mit sanftem Schwung im Bett abgeladen.

Auf der Donau wolln wir fahren

Auf der Donau wolln wir fahren,
wo das Schifflein sich dreht,
und das Schifflein heißt Mama,
und die Mama muß mit.
Auf der Donau wolln wir fahren …
und das Schifflein heißt Felix,
und der Felix muß mit …
Überliefert

▶ Bei diesem Gruppenspiel geht ein Familienmitglied nach dem anderen an Bord: Zunächst beginnt ein Kind. Es geht um den Tisch herum und fordert ein Familienmitglied nach dem anderen auf, einzusteigen und anzufassen. Zum Schluß hat sich eine lange Schlange gebildet, die den Tisch umkreist und sich schließlich Richtung Kinderzimmer bewegt. Dort ist der Hafen. Die kleinen Passagiere steigen aus und klettern in ihre Betten („Rettungsboote").

Der Mond ist aufgegangen:
Kuschelspiele vor dem Einschlafen

Genauso, wie der Tag mit einem Ritual beginnt, so ist es auch schön, wenn er mit einem Ritual endet. Auf diese Weise setzen Sie noch einmal einen kleinen Höhepunkt im Tagesablauf, auf den sich Ihr Kind freuen kann. Am Abend sollten Ruhe und Muße im Haus einkehren. Jetzt können sich Eltern und Kinder besonders aufeinander konzentrieren. Diese Zeit ist kostbar. Einschlafrituale beruhigen Kinder. Wichtig ist jedoch: Wählen Sie möglichst nur ein einziges Spiel für die Abendstunde aus, das Sie über einen längeren Zeitraum immer wieder anbieten. Das Bekannte und Vertraute gibt den Kindern Ruhe und Kraft. Dehnen Sie das Gute-Nacht-Ritual nicht unnötig lange aus. Fünfzehn Minuten sind bei ganz kleinen Kindern ausreichend. Das Zubettbringen soll ja kein aufregendes Unterhaltungsprogramm sein, sondern es soll den Abschied vom Tag erleichtern und den Schlaf vorbereiten. Wichtig ist dabei eine konsequente Haltung der Eltern. Das Kind muß wissen: Nach dem Gute-Nacht-Kuß ist Schluß! Es soll von sich aus den Weg in den Schlaf finden.

Weißt du, wieviel Sternlein stehen?

Weißt du, wieviel Sternlein stehen,
an dem blauen Himmelszelt?
Weißt du, wieviel Wolken gehen
weithin über alle Welt?...
Gott, der Herr, hat sie gezählet,
daß ihm auch nicht eines fehlet.
An der ganzen großen Zahl,
an der ganzen großen Zahl.
Text: Wilhelm Hey
Melodie: 18. Jahrhundert

Der Teddybär erzählt

Nehmen Sie den Teddybären oder ein anderes Kuscheltier, und lassen Sie das Tier eine kurze Geschichte vom Tag erzählen!
Was hat Ihr Kind erlebt? Können Sie kleine Ereignisse wiedergeben? Mögliche Themen wären: Ich kann schon alleine essen … Ich ziehe mich an … Ich will helfen … Ich sage nein … Ich geh auf mein Töpfchen usw.

Schlaf, Teddy, schlaf!

Melodie:
Schlaf, Kindlein, schlaf!

Schlaf, Teddy, schlaf!
Sei stille nun und brav.
Mach deine müden Äuglein zu,
dann schläfst du ein und träumst im Nu.
Schlaf, Teddy, schlaf!

Schlaf, Teddy, schlaf!
Sei stille nun und brav.
Die Sternlein stehn am Himmelszelt
und wachen über Wald und Feld.
Schlaf, Teddy, schlaf!

Schlaf, Teddy, schlaf!
Sei stille nun und brav.
Nimm deinen Peter in den Arm,
er bleibt bei dir und hält dich warm.
Schlaf, Teddy, schlaf!

Kräuterkissen

Auch ein Kräuterkissen aus Kamille, Eisenkraut, Hopfenblüten, Thymian, Steinkleekraut, Melisse, Lavendel (Apotheke) wirkt entspannend und schlaffördernd.

Abendgebet

Müde bin ich, geh zur Ruh.
Schließe beide Augen zu.
Vater, laß die Augen dein
über meinem Bettchen sein.

Alle, die mir sind verwandt,
Gott, laß ruhn in deiner Hand!
Alle Menschen groß und klein,
sollen dir befohlen sein.

Überliefert

Sonne, Mond und Sterne

Zu diesem Gute-Nacht-Spiel brauchen Sie vier Fingerpüppchen aus Papier, einen Stern, eine Wolke, einen Mond, eine Sonne.
Achten Sie bei Fingerspielen zur guten Nacht darauf, daß Sie betont ruhig und langsam sprechen. Die Spiele entfalten dann eine besondere Wirkung.

Frau Sonne schaut zum Fenster raus
und sagt: „Jetzt wird es Zeit.
Ich werde gleich mal untergehn,
die Nacht ist nicht mehr weit."

▶ Setzen Sie die Sonne auf den Zeigefinger, lassen Sie die Sonne erzählen und untergehen.

Kaum ist verschwunden sie im Bett,
da kommt der gute Mond.
Er geht am Himmel nun entlang,
dort wo die Wolke wohnt.

▶ Setzen Sie den Mond auf den Zeigefinger und lassen Sie ihn am Himmel auftreten.

Die Wolke spricht:
Nun zünde mal die Mondlaterne an!
Laß leuchten sie,
damit das Kind
dich besser sehen kann.
Der Mond, der macht sein Nachtlicht an,
es leuchtet hell und weit.
Die Sternenkinder freuen sich,
denn jetzt kommt ihre Zeit.

▶ Die Wolke auf den Zeigefinger der anderen Hand setzen.

▶ Den Mond an die Nachttischlampe halten.

Ein kleiner Stern, der tritt heran
und sagt dir: „Schlafe ein.
Ich wünsche eine gute Nacht.
Du wirst jetzt müde sein."

▶ Das Sternenkind neben und den Mond auf den Ringfinger setzen.

Nun schlafe fein! …

Hinter den Bergen: ein kleines Zwergenspiel zur guten Nacht

Spielfläche ist das Bett des Kindes: Formen Sie aus dem Oberbett des Kindes zwei Berge. Dazwischen liegt ein Tal. In dem Tal steht ein Tannenbaum (Kleidungsstück, Tuch, Strumpf). Sie können auch auf den Baum verzichten und die Vorstellung davon der kindlichen Phantasie überlassen. Hängen Sie einen Mond aus Goldpapier oder Alufolie an einem Faden auf. Als Zwerge setzen Sie entweder zwei Figürchen oder die eigenen Daumen ein. Zu Beginn befinden sich die beiden „Zwerge" jeweils hinter einem „Berg".

Hier ist ein Berg, da ist ein Berg.
In jedem Berge wohnt ein Zwerg!
Dazwischen steht ein Tannenbaum!
Und sieh, im blauen Himmelsraum,
erscheint der Mond um Mitternacht.

▶ Auf die Betthügel weisen.

▶ Auf den Baum zeigen.
Den Mond an einem Faden über die Hügel ziehen.

Das Zwerglein Munkepunk erwacht!
Es guckt geschwind zum andern Berg.
Sieh da, auch dort erwacht ein Zwerg!
Der Zwerg mit Namen Eckeneck
guckt auch aus seinem Bergversteck!

▶ Ein Zwerg tritt auf.

▶ Der andere Zwerg tritt auf.

Hier siehst du beide Zwerge nun.
Was glaubst du, was die beiden tun?
Sie tanzen froh, wie ich und du,
der silberne Mond guckt ihnen zu.

▶ Die Zwerge dicht zusammen bringen und tanzen lassen.

Am Morgen geht der Mond nach Haus.
Die Nacht ist um, der Tanz ist aus.

▶ Den Mond nochmals an dem Faden über die Berge ziehen lassen.

Zuerst verschwindet Eckeneck
in seinem dunklen Bergversteck.
Dann schlüpft mit einem muntren Sprung
in seine Höhle Munkepunk.

▶ Ein Zwerg verschwindet hinter dem Berg.

▶ Der andere Zwerg verschwindet.

Hier steht ein Berg, da steht ein Berg.
In jedem schlummert nun ein Zwerg.
Hedwig Diestel

▶ Auf die Berge zeigen.

Kribbel, krabbel, kraule mich
Streichelspiele für Kinder, die Nähe suchen

Wenn Ihr Kind signalisiert, daß es Nähe und Trost braucht, nehmen Sie es auf den Schoß, streicheln ihm sanft über den Rücken, sprechen mit leiser, zärtlicher Stimme einen Vers zum Trösten oder singen ein Lied zu Beruhigung, tragen oder wiegen es. Streichel- und Massage-Spiele tun kleinen Kindern in diesen Momenten oft besonders gut. Viele Kinder schmusen aber auch einfach so gern.

Streichelspiele für den Kopf

Aus gutem Grund streicheln wir Kindern, die müde sind, die Trost und Hilfe brauchen oder einfach nur kuscheln möchten, zärtlich über den Kopf. Und in der Tat ist das „Händeauflegen" Bestandteil vieler religiöser oder heilender Riten. Dabei müssen die Hände nicht unbedingt still auf dem Kopf des Kindes ruhen. Sie können mit der Handfläche sanft übers Haar streicheln, mit den Fingerspitzen auf der Kopfhaut spazierengehen oder dem Kind behutsam durch die Haare wuscheln. Manchmal entsteht dabei der Eindruck, als würde sich die Berührung von Haar und Kopfhaut angenehm am ganzen Körper ausbreiten und ein Gefühl von Entspannung und Wohlbehagen auslösen. Sehr empfehlenswert für Kinder, die krank sind oder besonderen Trost brauchen.

Die Krabbelfinger

Viele kleine Krabbelfinger
krabbeln auf dem Kopf.
Sie krabbeln hin,
sie krabbeln her,
das Krabbeln ist doch gar nicht schwer.

Viele kleine Krabbelfinger
wuscheln auf dem Kopf.
Sie wuscheln hin,
sie wuscheln her,
das Wuscheln ist doch gar nicht schwer.

▶ Sie können das Spiel mit anderen Berührungen fortsetzen:
Viele kleine Krabbelfinger pieksen, klopfen, streicheln …

Die Bürste spricht

Viele Kleinkinder, auch wenn sie einen noch recht dünnen, spärlichen Haarwuchs haben, empfinden das Bürsten mit einem weichen Bürstchen als angenehm, zumal es die Durchblutung der Kopfhaut anregt. Nehmen Sie eine Baby-Bürste oder eine ganz weiche, zarte Erwachsenenbürste. Das folgende Bürste-Spiel kann Ihrem Kind wohltuende Körperempfindungen vermitteln und es zugleich an den Gebrauch einer Haarbürste gewöhnen. Allerdings reagieren nicht alle Kinder gleich. Beobachten Sie Ihr Kind aufmerksam!

Ei, ei, ei,
ich komme jetzt herbei!
Ich bin ein bißchen stachelig,
ich bin ein bißchen kuschelig,
und auch ein bißchen wuschelig,
und mache dich jetzt fein.

Fein, fein, fein!!!

Bürsten Sie in verschiedenen Richtungen zum Rhythmus des Verses.

Der Flohspaziergang

Melodie:
Hänschen klein, ging allein

„Ich fange einen Floh,
und das geht so!"

Flöhchen klein,
sprang allein,
auf den Kopf
von Hänschen klein,
sprang geschwind,
wie der Wind,
ärgerte das Kind.
Krabbelte in einem fort,
krabbelte von Ort zu Ort.
Da besinnt sich das Kind,
fängt den Floh geschwind!

Es regnet

Es regnet, es regnet,
es regnet seinen Lauf ...
und wenn's genug
geregnet hat,
und wenn's genug
geregnet hat,
dann hört es wieder auf.

Jetzt kommt der Wind,
der Wind ... geschwind.
Überliefert

▶ Schnappen Sie mit Daumen und Zeigefinger in die Luft, als hätten Sie soeben einen Floh gefangen.

▶ Mit Daumen und Zeigefinger auf den Kopf des Kindes „springen".

▶ Auf dem Kopf des Kindes herum hüpfen.

▶ Mit den Fingerspitzen sanft auf dem Kopf des Kindes hin und her wandern.

▶ Das Kind schnappt die Hand des Erwachsenen und fängt „den Floh".

▶ Die Fingerspitzen des Erwachsenen trommeln sanft auf dem Kopf des Kindes herum.

▶ Hören Sie abrupt mit dem Trommeln auf.

▶ Pusten Sie bei dem Wort „Wind" kräftig über die Haare des Kindes.

Großer Onkel, kleiner Zeh:
Gutes für müde und kalte Füße

Ihr Kind ist viel gelaufen, es hat überanstrengte, müde oder kalte Füße – dann empfiehlt sich eine kleine Fußmassage. Leider werden die Füße immer wieder sträflich vernachlässigt. Dabei spiegeln sich in bestimmten Punkten oder Zonen des Fußes wichtige Organe und Funktionsbereiche des Körpers energetisch wider. Sicherlich kann man nicht einfach ohne entsprechendes Fachwissen solche Reflexzonen bearbeiten. Die folgenden Spiele für die Füße hingegen wirken sich generell positiv auf Körper und Wohlbefinden aus. Hier kann niemand etwas falsch machen.

Die Fußfamilie

Einen stillen Gruß, sagt Familie Fuß.
„Guten Tag", sagt Papa Hans.
„Grirzi", sagt die Mama Kranz.
„Hallo", sagt der Bruder Franz.
„Servus", sagt die Schwester Gans.
„Da-da", sagt der kleine Panz.

Einen stillen Gruß, sagt Familie Fuß.
„Guten Tag", sagt Onkel Fritz.
„Grirzi", sagt die Tante Dix.
„Hallo", sagt der Vetter Mix.
„Servus", sagt Cousine Trix.
„Wau-wau", sagt der Dackel Pix.

▶ Fassen Sie nacheinander die Zehen des rechten Fußes und bewegen Sie die Zehen intensiv und sanft aus dem Grundgelenk auf und ab.

▶ Wiederholen Sie die Bewegungen am linken Fuß.

Füße streicheln

Melodie:
Alle meine Entchen

*Alle meine Hände
streicheln jetzt den Fuß,
streicheln jetzt den Fuß.
Bringen jetzt dem Papa
einen lieben Gruß.*

▶ Streicheln Sie über die Fußsohle
des Kindes.
Benennen Sie bei jeder Strophe ein
Familienmitglied, das sie grüßen
möchten.

*Alle meine Hände
klopfen jetzt den Fuß,
klopfen jetzt den Fuß,
bringen jetzt der Mama
einen lieben Gruß.*

▶ Klopfen Sie die Fußsohle.

*Alle meine Hände
drücken jetzt den Fuß,
drücken jetzt den Fuß,
bringen jetzt dem Thorsten
einen lieben Gruß.*

▶ Drücken Sie bei jedem Zeh
auf den Zehennagel.

*Alle meine Hände
trommeln auf dem Fuß,
trommeln auf dem Fuß,
bringen jetzt der Lea
einen lieben Gruß.*

▶ Trommeln Sie auf die Fußsohle.

*Alle meine Hände
wringen aus den Fuß,
wringen aus den Fuß,
bringen unserer Katze
einen lieben Gruß.*

▶ Umfassen Sie den Fuß mit
beiden Händen und bewegen
Sie die Hände gegeneinander,
als würden Sie Wringbewegungen
ausführen.

Barfußlaufen ist gut für die Füße

Neben Massage- und Bewegungsspielen ist es übrigens empfehlenswert, Kinder immer wieder auf verschiedenen Unterlagen, wie Sand, Steinen, Wiese, Moos und Blättern, barfuß laufen zu lassen. Sie können auch einen Barfußweg im Zimmer für die Füße legen: Hierzu bauen Sie verschiedene Materialien hintereinander auf: ein altes Sofakissen, ein Stück Fell, ein dickes Seil, eine Teppichfliese, Muscheln, eine stachelige Fußmatte usw. Dieses Spiel eignet sich auch für Kindergruppen.

Streichelspiele für den ganzen Körper

Es gibt Zeiten, die sich besonders für zärtliche Massage- und Schmusespiele eignen – nach dem Baden oder in der Mittagspause, vor dem Einschlafen, im Sommer im Garten unter einem schattigen Baum. Wichtig ist, daß Sie sich selbst dabei ruhig und entspannt fühlen. Versuchen Sie, während der Berührungen ganz bei sich selbst zu sein: Spüren Sie Ihren Atem und nehmen Sie ihre eigenen Gefühle wahr! Ihre eigene Konzentration und Ruhe überträgt sich auf Ihr Kind.

Verweilen Sie bei den einzelnen Körperteilen, und kitzeln, kneten, zupfen oder streicheln Sie diese. Welche Form der Berührung gefällt Ihrem Kind am besten? Einige Kinder haben mit der Zeit ein besonderes Lieblingsspiel. Sie quietschen vor Freude und Erwartung, lehnen sich entspannt zurück und drücken mit ihrem Gesichtsausdruck Zufriedenheit und Wohlbefinden aus. Andere hingegen verhalten sich eher gleichgültig oder reagieren mit Abwehr. Sollte Ihrem Kind ein

Spiel nicht zusagen, probieren Sie ein neues aus. Achten Sie auf die Empfindungen des Kindes, und nehmen Sie sich ausreichend Zeit.

Für zurückhaltende oder müde Kinder sind eher aufmunternde, anregende Spiele (wie „Backe, backe, Kuchen" oder „Die schnelle Schnecke") geeignet, für aktive oder sehr muntere Kinder beruhigende Spiele (wie „Ei, wie langsam").

Backe, backe Kuchen: eine Massage zum Munterwerden

Diese Klopfmassage wirkt aufmunternd und belebend und ist für Kinder geeignet, die ein wenig Anregung benötigen. Durch das rhythmische Klopfen wird die Durchblutung der Haut aktiviert. Meist wirkt die Massage muskulär äußerst entspannend. Bei vielen Kindern entsteht ein Gefühl von Wohlbehagen. Das Kind liegt auf dem Bauch. Klopfen Sie mit den Fingerspitzen oder den Handflächen sanft über die Haut, von den Füßen aufwärts Richtung Kopf.

Backe, backe, Kuchen,
der Bäcker hat gerufen.
Wer will schönen Kuchen backen,
der muß haben sieben Sachen:

Eier und Schmalz,
Butter und Salz,
Milch und Mehl,
Safran macht den Kuchen gehl.
Überliefert

▶ Bei den Füßen beginnend, Körper des Kindes leicht klopfen.

▶ Bei den einzelnen Backzutaten die Körperteile gezielt anpatschen, Schulterblätter, Arme, Hände usw.

Ei, wie langsam: zur Beruhigung

Nehmen Sie sich zu dieser Massage besonders viel Zeit. Sprechen Sie langsam und beruhigend. Die Berührungen sollen wie in Zeitlupe ablaufen. Spüren Sie bei den einzelnen Handbewegungen Ihren eigenen Atem. Das Kind sitzt oder liegt entspannt auf dem Rücken. Diese Streichelmassage eignet sich übrigens auch gut für die Zeit vor dem Einschlafen.

Ei, wie langsam schleicht die Schlange,
streichelt zart die kleine Wange.
Ei, wie langsam kriecht die Spinn,
streichelt zart das kleine Kinn.
Ei, wie langsam gähnt das Mäuslein,
streichelt zart das kleine Bäuchlein.
Ei, wie langsam grunzt das Schwein,
streichelt zart das kleine Bein.
Ei, wie langsam kriecht die Made,
streichelt zart die kleine Wade.
Ei, wie langsam schleicht das Reh,
streichelt zart den kleinen Zeh.

Ei, wie müde ist die Schneck,
kriecht ganz langsam in die Eck.

Variation:
Sie können das Kind anstatt mit den Händen übrigens auch mit einem leichten Seidentuch oder einer Feder streicheln.

▶ Streicheln Sie nacheinander: Wange, Kinn, Bauch, Bein usw. Bearbeiten Sie dabei stets beide Wangen, beide Beine, beide Waden, damit keine Körperseite zu kurz kommt.

▶ Bei dem Wort „müde" streicheln Sie noch einmal von oben nach unten über den ganzen Körper mit einer einzigen großzügigen Bewegung!

Die schnelle Schnecke: zur Anregung und Aufmunterung

Ihr Kind liegt auf dem Rücken. Das Körperspiel beginnt betont langsam, fast wie in Zeitlupe. Bei der zweiten Strophe steigert sich das Tempo abrupt. Dieser überraschende Tempowechsel wirkt anregend und aufmunternd. Viele Kinder müssen schallend lachen und fordern immer neue Wiederholungen.

Ei, wie langsam,
ei, wie langsam,
schleicht der Schneck
im Gras daher!

Potz!
Da wollt ich schneller laufen,
wenn ich so ein Schnecklein wär.
Überliefert

▶ Greifen Sie sich die Beine des Kindes und führen Sie betont langsame Strampelbewegungen aus.

▶ Bei dem Wörtchen „potz" steigern Sie abrupt das Tempo, als wollte die Schnecke weglaufen.

Eine kleine Maus
geht den Rücken rauf

Dieses Spiel vermittelt Ihrem Kind
Körpergefühl und eine ganzheitliche
Körpererfahrung.

Dort kommt die kleine Krabbelmaus,
sie geht vergnügt zum Haus heraus.
Da trifft sie einen Fuß.
Der Fuß, der spricht: „Wer bist denn du?
Du kitzelst mich ja immerzu."
Die Maus, die antwortet geschwind:
„Ich muß jetzt gehn, schnell wie der Wind."

▶ Lassen Sie Ihre Finger unter
einem Kissen hervorkommen,
und kitzeln Sie das Kind eine
Weile am linken Fuß.

Da springt sie rasch die Beine rauf
und landet jetzt am Po.
Der Po, der spricht: „Wer bist denn du?
Du kitzelst mich ja immerzu."
Die Maus, die antwortet geschwind:
„Ich muß jetzt gehn, schnell wie der Wind."

▶ Kitzeln und knuffen Sie das Kind
eine Weile am Po.

Nun krabbelt sie den Rücken rauf
und bleibt am Halse steh'n.
Der Hals, der spricht: „Wer bist denn du?
Du kitzelst mich ja immerzu."
Die Maus, die antwortet geschwind:
„Ich muß jetzt gehn, schnell wie der Wind."

▶ Gehen Sie mit den Händen langsam über den Rücken, und kraulen Sie den Hals des Kindes.

Da krabbelt sie den Arm hinab
und sagt der Hand „hallo".
Die Hand, die spricht: „Wer bist denn du?
Du kitzelst mich ja immerzu."
Die Maus, die antwortet geschwind:
„Ich muß jetzt gehn, schnell wie der Wind."

▶ Wandern Sie gemütlich den
linken Arm hinab und massieren
Sie die linke Hand.

28

Die Maus huscht jetzt zum Kopf hinauf
und krabbelt durch das Haar.
Der Kopf, der spricht: „Wer bist denn du?
Du kitzelst mich ja immerzu."
Die Maus, die antwortet geschwind:
„Ich muß jetzt gehn, schnell wie der Wind."

▶ Massieren Sie sanft die Kopfhaut.

Da rutscht sie nun so munter,
den ganzen Rücken runter.

▶ Gleiten Sie mit einer kräftigen
Handbewegung den Rücken
hinunter.

Jetzt steht sie da, die Krabbelmaus.
Sie geht zurück ins Mäusehaus
und macht die Türe zu.

▶ Lassen Sie Ihre Hände wieder
unter dem Kissen oder hinter
Ihrem Rücken verschwinden.

Nun legt sie sich zur Ruh!

Variation:
Sie können statt der eigenen Hände
auch ein Stückchen Fell als Mäuschen
verwenden.

▶ Wiederholen Sie das Spiel und
bearbeiten Sie nun die rechte
Körperseite des Kindes. Beginnen Sie dazu am rechten Fuß,
wandern Sie aufwärts zum
rechten Arm usw.

Geht ein Mann …

Geht ein Mann die Treppe rauf,
klopft an,
bimm - bamm.
Guten Tag, Herr Nasemann!
Überliefert

▶ Ihre Finger laufen über den Körper
des Kindes in Richtung Kopf,
Sie klopfen vorsichtig auf den
Kopf, ziehen am Ohrläppchen des
Kindes, fassen das Kind an der
Nase und kitzeln es.

29

Heile, heile, Segen:
Tröstespiele bei Schmerzen und Mißgeschick

Gerade bei kleinen Kindern sind Mißgeschicke und winzige Unfälle durch Stürze oder Stöße an der Tagesordnung. Oft sind Neugier und Entdeckungsdrang größer als die motorischen Fähigkeiten. Wichtig ist, daß wir Kinder in ihrem Schmerz ernst nehmen. „Das tut auch weh", könnten Eltern in solchen Situationen sagen. „Das kann ich gut verstehen." Allerdings sollten wir nicht übertrieben fürsorglich oder überängstlich reagieren. Auch bei ernsthaften Verletzungen gilt: Ruhe bewahren und überlegt handeln.

Bei manchen Kindern, die sich beispielsweise am Bein gestoßen haben, kann es hilfreich sein, zum Trost andere Körperteile zu drücken oder zu kneten, Kopf und Rücken zu streicheln oder zu kraulen bzw. den Nacken zu massieren. Dabei darf der Druck bei der Berührung ruhig stärker sein. Auf diese Weise wird die Aufmerksamkeit von der verletzten Stelle abgelenkt und verliert das Schmerzgefühl oft an Intensität. Allerdings mögen nicht alle Kinder solche „Ablenkungsmanöver". Sie wollen sich ganz ihrem Schmerz hingeben und lehnen Berührungen ab.

Häufig sind auch „Wachstumsschmerzen". Hier können Sie durch Streichelmassagen und Tröstesprüche ablenken und die Schmerzen vielleicht ein bißchen lindern. Unterstützend können Sie homöopathische Mittel anwenden.

Heile, heile, Segen

Heile, heile, Segen,
sieben Tage Regen,
sieben Tage Sonnenschein,
wird bald wieder besser sein.
Überliefert

▶ Streicheln Sie das Kind zu diesem Tröstevers.

Das Lämmchen

Mäh, Lämmchen, mäh!
Das Lämmchen lief im Klee.
Es stieß sich an einem Steinchen,
da tat ihm weh sein Beinchen,
da rief das Lämmchen mäh.

Mäh, Lämmchen, mäh!
Das Lämmchen lief im Klee.
Es stieß sich an einem Bäumlein,
da tat ihm weh sein Bäuchlein,
da rief das Lämmchen mäh.

Mäh, Lämmchen, mäh!
Das Lämmchen lief im Klee.
Es stieß sich an einem Stöckchen,
da tat ihm weh sein Köpfchen,
da rief das Lämmchen mäh.

Mäh, Lämmchen, mäh!
Das Lämmchen lief im Klee.
Es stieß sich an einem Hölzchen,
da tat ihm weh sein Pelzchen,
da rief das Lämmchen mäh.
Überliefert

▶ Streicheln und wiegen Sie das Kind. Je nachdem, ob ihm Bein, Bauch, Kopf oder der ganze Körper wehtut, können Sie auch nur die betreffenden Strophen sprechen.

Heile, heile, Gänschen

Streicheln und wiegen Sie das Kind zu diesem Vers.

Heile, heile, Gänschen,
es wird bald wieder gut.
Die Katz, die hat ein Schwänzchen.
Nun krieg mal wieder Mut.
Heile, heile, Mäusespeck,
in hundert Jahrn ist alles weg.
Überliefert

Ach, das war ein Schreck

Ein Tröstespiel für Kinder, die mehr aus Schreck als aus Schmerz weinen. Haben Sie Geduld. Sie können nicht bei jedem Kind und in jeder Situation davon ausgehen, daß der Schreck wirklich „wegfliegt" und plötzlich verschwunden ist. Manche Kinder brauchen noch ein wenig Zeit, um sich zu beruhigen!

Ach, das war ein Schreck,
meck-meck-meck.

Ach, wie tut das weh,
Oh-je-mi-nee.

Ach, wie ist das schlimm,
sim-sim-sim.

Ach, da fliegt der Schreck,
da fliegt er weg!

▷ Bei diesem Spiel können Sie das Kind auf den Schoß nehmen und sanft hin und her wiegen.

▷ Zeigen Sie in die Luft und deuten Sie an, daß der Schreck „weggeflogen" ist.

Bei Bauchschmerzen

Kinder leiden oft unter Bauchschmerzen, die natürlich ganz unterschiedliche Ursachen haben können. Hier ist es manchmal hilfreich, im Uhrzeigersinn sanft um den Bauchnabel herum zu massieren (beispielsweise mit Kümmelöl), einen feuchtwarmen Umschlag aufzulegen oder einfach die eigene Hand rund um den Bauchnabel des Kindes ruhen zu lassen.

Bäuchlein streicheln

Der Bäcker rührt den Kuchenteig,
ruhig, ruhig.
Der Glaser putzt die Fenster gleich,
ruhig, ruhig.
Die Waschfrau bügelt auf dem Brett,
ruhig, ruhig.
Die Mutter streicht nun glatt das Bett,
ruhig, ruhig.

Und meine Hände warm und weich,
die streicheln wie der Wind ganz leis,
ruhig, ruhig.

▷ Streicheln Sie im Uhrzeigersinn um den Bauchnabel des Kindes herum. Dabei kommt es auf Ihre eigene Ruhe an.

▷ Verweilen Sie zwischen den einzelnen Zeilen.

▷ Zum Schluß lassen Sie Ihre Hände still auf dem Bauch des Kindes ruhen.

Eins, zwei, drei und hops
Kleine Kinder wollen tollen

Kleine Kinder sind ständig in Bewegung – egal, ob sie noch krabbeln, robben, kriechen oder bereits laufen können. Sie suchen von sich aus Tätigkeiten, die ihren Bewegungs- und Gleichgewichtssinn und alle anderen Sinne weiterentwickeln. Sie krabbeln oder laufen dem rollenden Ball hinterher, klettern auf Stühle, rutschen schräge Ebenen hinab, so daß wir oftmals den Atem anhalten, weil wir mancherlei Gefahren wittern. Wer sich jedoch an die eigene Kindheit erinnert, der weiß vielleicht noch allzu gut, welch ein sinnliches Vergnügen es war, zu rutschen, zu schaukeln, zu wippen oder zu balancieren. Dabei entwickeln Kinder Vertrauen in die eigenen Kräfte und Möglichkeiten. Die Kleinen sind stolz, wenn sie den Berg aus Matratzen erklommen oder eine Leiter hinaufgestiegen sind.

Schaffen Sie deshalb Bewegungsraum für kleine Turner und Klettermaxen. Gerade in einer Umwelt, die Bewegungsmöglichkeiten für Kinder immer mehr einschränkt, scheint dies wichtiger denn je.

Hei, mein Pferdchen: Reiterspiele auf dem Schoß

Die guten alten Kniereiterspiele entsprechen dem kindlichen Bedürfnis nach Körperkontakt, Bewegung und Rhythmus. Das Hopsen spricht vor allem den Gleichgewichtssinn an.

Halten Sie Ihr Kind während des Bewegungsspiels locker an den Händen. Es wird versuchen, aufrecht sitzenzubleiben und das Gleichgewicht immer wieder auszubalancieren.

Hoppe Reiter

Hoppe, hoppe, Reiter,
wenn er fällt, dann schreit er,
fällt er in den Graben,
fressen ihn die Raben,
fällt er in den Sumpf,
dann macht der Reiter plumps.

Überliefert

▶ Das Kind reitet auf dem Schoß des Erwachsenen. Bei dem Wort „plumps" läßt er es nach hinten „fallen" und auf die eigenen ausgestreckten Beine sinken.

So reiten die Damen

So reiten die Damen,
so reiten die Damen ...

So reiten die Herren,
so reiten die Herren ...

So reitet der Bauer,
so reitet der Bauer ...
Überliefert

▶ Steigern Sie jeweils
das Bewegungs-
tempo von den
Damen zu den
Herren und zu
dem ruckelig und
ungestüm reiten-
den Bauern.

Wir reiten hinaus

Jetzt setze ich auf,
ich reite hinaus,
ich reite hinaus.

Übern Graben,
übern Graben,
das werden wir gleich haben.

Jetzt setze ich auf,
ich reite hinaus,
ich reite hinaus.

Galopp und hopp,
Galopp und hopp.
Galopp, Galopp, Galopp
und hopp.

Jetzt setze ich auf ...

Immer lustig trab-trab-trab,
Pferdchen wirf mich nur nicht ab.

Jetzt setze ich auf ...

Nach Haus, nach Haus,
das Reiten ist aus ...
Überliefert

▶ Lassen Sie Ihr Kind auf dem Schoß
hopsen.

▶ Deuten Sie mit den Beinen an, daß
Sie über einen Graben springen.

▶ Reiten Sie in dem anfänglichen
Rhythmus weiter.

▶ Deuten Sie Galoppsprünge an.

▶ Wie anfangs.

▶ Traben Sie gemütlich von einem
Bein auf das andere.

▶ Wie anfangs.

▶ Reiten Sie ganz langsam und
müde.

Bewegungsspiele mit Decken, Tüchern, Matten und Kissen

können bei Regenwetter zu faszinierenden Spielplätzen werden. Am Verhalten Ihres Kindes können Sie erkennen, wann es Bewegung braucht. Hopst es vielleicht von sich aus auf dem Bett herum? Trägt es Decken heran und möchte daraus eine Bude bauen? Oder ist es einfach nur unruhig und weiß nicht, wohin mit seinem Bewegungsdrang? Meist entwickeln Kinder von sich aus phantasievolle Spiel-

Raum ist in der kleinsten Hütte. Mit etwas Phantasie können Sie das Kinderzimmer in einen abenteuerlichen Klettergarten verwandeln. Und selbst Schlafzimmer, Wohnzimmer und Flur

ideen, wenn die entsprechenden Materialien dafür bereitliegen.

Ob die nachfolgenden Spiele eher für die Wohnung oder im Freien geeignet sind, ist nicht ausdrücklich vermerkt. Die meisten Spiele lassen sich sowohl drinnen als auch draußen spielen. Allerdings müssen Sie dabei manchmal den äußeren Gegebenheiten angepaßt und eventuell leicht verändert werden.

Auf großer Fahrt

Breiten Sie ein Bettlaken oder eine Wolldecke auf dem Boden aus, so daß sich Ihr Kind bequem daraufsetzen kann. Nun fassen Sie zwei Enden und ziehen das Kind über den glatten Boden. Ihr Kind muß dabei nicht unbedingt sitzen. Es kann auch auf dem Bauch oder Rücken liegen. Während der Fahrt können Sie ein Lied von einem Zug, einem Schiff oder einem Auto singen.

Melodie:
„Das Wandern ist des Müllers Lust"

Das Fahren, das ist eine Lust,
das Fahren, das ist eine Lust,
das Fa-ha-ren.
Es muß ein schlechter Fahrer sein,
dem niemals fiel das Sausen ein,
dem niemals fiel das Sausen ein,
das Sa-hau-sen.

Der Geheimweg

Legen Sie hintereinander und in entsprechendem Abstand zusammengerollte Decken, Kissen, darüber dann ein oder mehrere Bettlaken oder dünne Matten. Auf diese Weise entstehen Berge, Täler und Unebenheiten. Jetzt können die Kinder über den geheimnisvollen Untergrund gehen oder krabbeln.

In der Gruppe:
Dieses Spiel ist auch gut als Gruppenspiel geeignet. Bei einem Kindergeburtstag dürfen auf dem Geheimweg ruhig auch einmal Überraschungen, Murmeln und kleine Geschenke versteckt werden.

Krabbeltiere

Dieses Versteckspiel ist schon für die ganz Kleinen geeignet. Der Erwachsene dreht sich um. Das Kind darf sich währenddessen unter ein großes Bettlaken oder eine Decke legen, bis es nicht mehr zu sehen ist. Nun suchen Sie das Kind: „Ja, wo bist du denn?" Das Kind darf einen Ton von sich geben, „piep" oder „wau-wau". Ziehen Sie das Tuch nach einer Weile weg und freuen Sie sich mit einem „Ach, da ist ja der/ die … wieder!"

In der Gruppe:
Alle Kinder laufen oder krabbeln durch den Raum. Nun klatschen Sie in die Hände oder schlagen auf eine Trommel. Jetzt kriechen alle Kinder gemeinsam unter das Tuch. Natürlich muß es groß genug sein. Eventuell zwei Tücher zusammennähen!

Variation:
Sie können auch mehrere Tücher im Raum verteilen, so daß die Kinder paarweise unter ein Tuch krabbeln können.

Piratenschiff

Legen Sie eine Matratze, die Sie zuvor mit einem alten Bettlaken bezogen haben, auf den Boden. Jetzt können die Kleinen nach Herzenslust darüber krabbeln, kriechen, hopsen …
Was ist aber, wenn die Matratze nicht gerade liegt, sondern schräg? Was ist, wenn Sie plötzlich zu wackeln beginnt? Zauberei? Keineswegs.
Nun ist das Piratenschiff (Matratze) in einen heftigen Sturm geraten.
Legen Sie unter eine Seite der Matratze einen oder mehrere Gegenstände (dicke Decken, eine breite Holzkiste), so daß unser Schiff heftig Schlagseite bekommt. Wer kann die Schräge hinauf und hinunter gehen oder rutschen?
Legen Sie nun Tennis- oder Gummibälle unter das Piratenschiff. Wer kann sich auf diesem wackeligen Untergrund noch sicher halten?

Fische fangen

Legen Sie einen Tischtennisball (Fisch) auf ein blaues Tuch oder Laken (Wasser). Das Kind kreist mit der Handfläche über dem Ball.

Ich hab gefischt,
ich hab gefischt,
ich hab die ganze Nacht gefischt
und habe keinen Fisch
erwischt!!!
Überliefert

 *In der Gruppe:*
Die Kinder und Erwachsenen sitzen im Kreis und halten das ausgebreitete Laken mit den Händen fest. In der Mitte liegt ein leichter Ball. Die Gruppe bewegt das Tuch hin und her, auf und ab. Bei dem Wort „erwischt" hebt sie das Tuch in die Höhe, so daß der Ball durch die Luft fliegt und schließlich auf der Erde landet. Wer bringt ihn zurück?

Variation:
Legen Sie mehrere Luftballons auf das Tuch.

▶ Bei dem Wort „erwischt" zieht Mutter oder Vater das Tuch weg. Das Kind läuft dem springenden Ball nach und bringt ihn zurück.

Balancieren

Gleichgewichtsspiele sind wichtig für die Bewegungsentwicklung Ihres Kindes. Lassen Sie Ihr Kind immer wieder balancieren, gerade auf schmalem oder wackeligem Untergrund.

Der Kuschelberg

Legen Sie viele – 10 und mehr – Kissen unterschiedlicher Größe und Beschaffenheit, Auflagen von Gartenliegen, Nackenrollen, Felle auf einen Berg. Nun können die Kleinen über die Kissen krabbeln, sich hineinfallen lassen, Kissen zu einem Turm übereinander stapeln oder hintereinander legen. Wie wäre es mit einer Straße aus Kissen, über die man gehen oder krabbeln kann? Zum Schluß werfen wir eine Decke über den Kissenberg. Wer kann ihn besteigen?

Spiele mit Tischen, Stühlen und Kartons

Rennauto

Ist Ihr Kind auch von Autos fasziniert und hat außerdem gerade einen ausgeprägten Bewegungsdrang? Dann nehmen Sie einen flachen Karton, entfernen den Boden, und schon haben Sie ein Rennauto. Wenn Sie das Fahrzeug noch ein wenig ausgestalten möchten, so schneiden Sie aus Plakatkarton vier Räder aus und kleben jeweils zwei an jede Seite des Kartons. Nun stanzen Sie mit der Schere an jeder Seite noch eine Öffnung für die Hände ein, damit das Kind den Karton während der Fahrt festhalten kann. „Einsteigen, es geht los!" Das Kind klettert in sein „Auto" und saust mit dem Karton in den Händen durch die ganze Wohnung.

Kugelbahn

Schneiden Sie in einen etwa kindergroßen Pappkarton zwei kreisrunde Öffnungen in unterschiedlicher Höhe, in Rückwand und Vorderwand oder in die rechte und linke Seitenwand. Kleben Sie einige Pappröhren, etwa von einer Haushaltsrolle, mit Klebeband zusammen, so daß sich eine längere Röhre ergibt. Führen Sie nun diese Röhre durch die obere Öffnung und dann durch die untere Öffnung des Pappkartons. Wichtig ist, daß eine Schräge entsteht. Sie können auch einen Topf oder eine Schüssel unter den Röhrenausgang stellen. Geben Sie dem Kind dicke Murmeln, Kastanien oder kleine Bälle und lassen Sie es die Kugeln durch die Röhre rollen. Wenn die Kugel beim Spiel in das Gefäß plumpst, macht sie ein Geräusch, was kleine Kinder meist sehr erfreut.

Ballwurfkiste

Schneiden Sie in einen stabilen Pappkarton eine große, kreisrunde Öffnung. Stellen Sie nun den Karton auf einen Kindertisch. Geben Sie dem Kind verschiedene Bälle unterschiedlicher Größe. Es soll die Bälle nun in die Öffnung werfen. Sie können auch hinter die Öffnung in den Karton eine Metallschüssel stellen, so daß jeder treffende Ball ein lautes Geräusch verursacht. Kleine Kinder dürfen ganz dicht an die Öffnung herangehen. Größere Mitspieler können schon aus einiger Entfernung werfen.

Bimmelbahn

Machen Sie ein Loch an die Vorderseite eines Kartons und knoten ein Band daran fest. Sie können noch ein paar Kissen in den Karton hineinlegen. Jetzt kann Ihr Kind einsteigen. Wenn Sie eine Trillerpfeife haben, so benutzen Sie diese als Signal für den Start. Achtung! Die Bimmelbahn fährt los. Ziehen Sie das Kind durch die ganze Wohnung. Machen Sie immer wieder einen Zwischenstop. Aussteigen, nun wird ein Anhänger angehängt! Knoten Sie einen zweiten oder dritten Karton an die Lok und lassen Sie das Kind Stofftiere oder Bausteine ein- und später wieder ausladen.

 *In der Gruppe:* Sind mehrere Kinder an diesem Spiel beteiligt, so können auch ein oder zwei Kinder die Lok ziehen, während ein oder zwei andere Kinder als Fahrgäste durch den Raum bewegt werden. Anschließend werden die Rollen getauscht.

Krabbeltunnel

Stellen Sie 4 bis 6 Stühle in einer langen Reihe hintereinander auf. Ihr Kind läßt einen Ball hindurchrollen und beobachtet, wie er am anderen Ende wieder zum Vorschein kommt. Und wenn der Ball eine kleine Maus (oder ein anderes Lieblingstier) ist, dann krabbelt das Kind hinterher und versucht sie zu fangen.

Mini-Höhle

Klemmen Sie eine biegsame Matte zwischen zwei Stühle. Schon ist eine kleine Höhle entstanden. Wenn Sie mehrere Matten und Stühle hintereinander stellen, so wird daraus ein Tunnel. Auch ein großer Karton mit „Türchen" kann so zu einer schönen Krabbelhöhle werden.

Stuhlbrücke

Mehrere Stühle hintereinander zu einer Brücke oder einem Steg zusammenstellen. Sie können auch Stühle und Bänke in unterschiedlicher Höhe (Fußbank, Kinderstuhl, Erwachsenenstuhl) verwenden. Ihr Kind klettert hinauf und balanciert darüber. Nach einiger Zeit schafft es dies auch ohne Ihre Hilfestellung.

Variation:
Legen Sie ein zusammengeklapptes Bügelbrett oder altes Regalbrett auf zwei auseinanderstehende Stühle und befestigen Sie es auf beiden Seiten mit einem Seil. Nun kann der Kletterspaziergang beginnen.

Tischkarussell

Einen Kindertisch umdrehen und mit der Tischplatte auf einen Teppichboden legen. Dann kommen noch eine weiche Decke oder einige Kissen hinein. Lassen Sie Ihr Kind einsteigen und drehen Sie den Tisch an einem Tischbein um die eigene Achse, mal in die eine, mal in die andere Richtung.

Bäumchen, Bäumchen

Dieses Spiel ist für Kinder geeignet, die gerade anfangen, laufen zu lernen. Mindestens zwei Stühle in den Raum stellen. Je nach Kind sollte der Abstand nicht zu groß sein. Auf einem Stuhl liegt ein interessantes Spielzeug, beispielsweise ein Luftballon. Zeigen Sie Ihrem Kind das Spielzeug und rufen Sie seinen Namen. Gerade Kinder, die den aufrechten Gang noch nicht sicher beherrschen, ziehen sich gern an Möbelstücken hoch und halten sich an ihnen fest. Anschließend versuchen sie vielleicht freihändig, den anderen Stuhl mit dem Spielzeug zu erreichen.

In der Gruppe:
Ältere Kinder können das Spiel auch in der Gruppe oder mit mehreren Stühlen ausführen. Dazu rufen Sie: „Bäumchen, Bäumchen, wechsel dich!" Die Kinder sollen dann ihren Stuhl verlassen und sich auf einen anderen setzen.

Kinder lieben es, manchmal recht wild durch die Gegend zu rennen. Besonders wenn sie längere Zeit nicht ins Freie konnten, ist der Bewegungsdrang meist recht ausgeprägt – und dann kann es leicht zu kleinen Mißgeschicken kommen. Bewegungsspiele, die eine bildhafte Spielidee beinhalten, können den Kindern dabei helfen, ihre Kräfte zu konzentrieren und auf ein bestimmtes Ziel zu lenken. „Jetzt bin ich ein schnelles Auto. Oder lieber eine Eisenbahn? Ich flitze durch die Wohnung, aber ich darf keinen Unfall bauen (nirgendwo anecken)." Kinder üben bei solchen Aktivitäten spielerisch Körperbeherrschung und Raumorientierung.

Spiele mit Papier

Geisterbahn im Kinderzimmer

Wer traut sich, durch einen geheimnisvollen, knisternden Tunnel zu kriechen? Spannen Sie eine Wäscheleine in Kinderhöhe quer durch das Zimmer. Hängen Sie nun Papierbahnen (aneinandergeklebtes Zeitungspapier, Druckerpapier, Packpapier) so mit Wäscheklammern auf, daß sie von der Leine herab bis zum Boden reichen. Verwenden Sie so viele Bahnen, daß ein langer Papiertunnel entsteht. Hängen Sie die Bahnen so dicht, daß sie beim Hindurchkrabbeln rascheln und knistern.

Zeitungsstraße

Legen Sie Zeitungsblätter hintereinander zu einer langen Straße. Dabei sollte zwischen den Blättern ein entsprechend großer Abstand sein (Schrittlänge eines Kindes). Sie können die Zeitungsstraße quer durch die Wohnung legen. Nun die Spielidee: Ihr Kind geht von Blatt zu Blatt, indem es entweder nur einen Fuß auf jedes Blatt setzt oder beide Füße auf die jeweilige Zeitungsseite stellt. Größere Kinder können auch von Blatt zu Blatt springen.

In der Gruppe:
Auch mehrere Kinder können hintereinander die Straße entlanglaufen.

Eine fetzige Schnipselei

Papier von Zeitungen, Illustrierten und Verpackungen läßt sich wunderbar als Spielmaterial verwenden. Sammeln Sie es in einem Karton oder in einem Sack, den Sie bei Bedarf einfach im Kinderzimmer ausleeren. Besonders während eines langen Regentages, aber auch draußen bei Sonnenschein, können sich Kinder stundenlang mit dem knisternden Material beschäftigen. Was läßt sich alles damit machen? Seidenpapier kann fliegen, wenn wir es in die Luft werfen. Zeitungspapier läßt sich so schön knüllen. Packpapier erzeugt beim Zerreißen laute Geräusche. Bäckertüten kann man aufpusten und laut knallend zum Platzen bringen. Und ganz zum Schluß können wir die ganze Pracht in Schnipsel zerfetzen, und es regnet Papierflocken. Geschickte Hände sammeln die Schnipsel in den Papierkorb, und für ganz kleine Flocken ist der Staubsauger zuständig.

 *In der Gruppe:*
Zerknüllen Sie Altpapier und füllen Sie es bis zum Rand in eine Kinderbadewanne. Nun verstecken Sie in dem Meer aus Papier einzelne Gegenstände (Murmel, Baustein, Nuß, Auto ...). Ein Kind nach dem anderen darf in dem Papier wühlen, einen Gegenstand ertasten und benennen.

Schlangentanz

Kleben Sie Kreppapierstreifen oder Streifen aus Zeitungspapier in zwei bis drei Meter Länge zusammen. Wer ist der Kopf der Schlange? Wer bildet das Schwanzende? Fassen Sie gemeinsam mit Ihrem Kind den Papierstreifen und bewegen Sie sich als Schlange durch die Wohnung.

Eine lange Schlange,
oh, wie schön,
kommt, wir wollen alle
durchs Zimmer gehn!

Wo sind die Gardinen,
sag, wo sind sie?
Eine lange Schlange,
oh, wie schön ...

Wo sind die Lampen,
sag, wo sind sie?

▶ Nennen Sie Türen, Fenster und Einrichtungsgegenstände. Das Kind soll während des Spaziergangs auf die genannten Dinge zeigen.
▶ Setzen Sie das Spiel fort mit: Wo sind die Bilder, der Fernseher, die Decke, die Fenster usw.

In der Gruppe:
Jedes Kind faßt die Schlange an. Nach dem Spaziergang durch die Wohnung kommt der Schlangentanz. Die Kinder stellen sich auf die Zehenspitzen, machen sich anschließend ganz klein, rutschen auf Knien, stehen wieder auf usw. Die Kindergruppe kann sich auch zu einer passenden Musik bewegen.

Tennis mit Papierbällen

Knüllen Sie Papier zu einem oder mehreren Papierbällen zusammen. Legen Sie einen Ball in ein Küchensieb. Ihr Kind soll den Ball mit Hilfe des Siebes in die Luft werfen. Größere Kinder können ihn sogar mit dem Sieb wieder auffangen. Wenn dies noch nicht gelingt, so macht es gar nichts. Es macht viel Freude, eine Papierkugel nach der anderen durch die Gegend zu schlagen.

Variation:
Spielen Sie das Spiel jetzt am Boden. Dort liegen mehrere Papierbälle im Raum verstreut. Ihr Kind soll versuchen, die Bälle wegzustupsen, mit den Füßen, den Händen oder einem Gegenstand. Größere Kinder können versuchen, die Kugeln in ein „Tor" (Pappkarton) zu schießen.

Spiele mit Seilen und Bändern

Die Zauberschnur

Binden Sie ein langes Seil (Wäscheleine oder Gummiband), an einem Möbelstück oder an einem Baum fest. Halten Sie es so, daß Ihr Kind darunter her krabbeln kann, ohne es zu berühren, und dann so, daß Ihr Kind mühelos hinüber hopsen oder steigen kann. Heben Sie das Seil anschließend in die Höhe. Kann Ihr Kind mit erhobenen Armen das Seil erreichen? Vielleicht muß es danach springen. Oder spannen Sie das Seil kreuz und quer durch den Raum. Ihr Kind kann darunter her krabbeln oder darüber steigen.

In der Gruppe:
Alle Kinder verwandeln sich in Tiere. Nun krabbeln Hunde, Katzen oder Schlangen unter dem Seil her. Frösche springen hinüber, und Giraffen recken ihre langen Hälse, bis sie das Seil erreichen.

Variation:
Die Schnur ist „heiß", eine Zauberschnur. Wer Sie beim Krabbeln berührt, wird „verhext" und muß ausscheiden oder erstarrt zu einem Denkmal (für ältere Kinder!).

Figuren aus Wäscheleine

Legen Sie ein langes Stück Wäscheleine oder Tau auf die Erde. Was kann das sein? Eine Schlange, die über den Boden kriecht? Nun fassen wir beide Enden und legen aus der Schlange etwas Rundes.
Das sieht ja aus wie ein Ball. Oder ist es eher ein Osterei? Wie kann aus dem Seil eine Schnecke werden? Ganz einfach: Wir halten ein Ende fest und legen den Rest der Leine in vielen Kreisen rundherum. Lassen Sie der Phantasie Ihres Kindes freien Lauf!

Pferdchen, lauf!

Haben Sie bei Ihrem Kind schon die Vorliebe für Pferdchenspiele beobachtet? Legen Sie ihm ein Seilchen unterhalb der Arme um den Brustkorb. Sie selbst spielen jetzt den Reiter. Umfassen Sie die beiden Seilenden, so daß das Seil straffsitzt, und los geht's in wildem Galopp.

In der Gruppe:
Es können mehrere Pferd- und Reiter-Paare gebildet werden. Dieses Gruppenspiel ist allerdings dann nur für Garten, Spielplatz oder Turnhalle geeignet.

Leinen los!

Falten Sie aus Zeitungspapier ein Schiffchen oder nehmen Sie einen Eierkarton. Binden Sie an das Schiffchen/den Eierkarton eine etwa 2 m lange Schnur. Befestigen Sie am anderen Ende der Schnur eine Papprolle von Haushaltsrolle oder Toilettenpapier. Nun beginnt das eigentliche Spiel! Das Kind dreht die Papprolle und wickelt das Band Zug um Zug auf. Das Schiff kommt herbeigefahren.

In der Gruppe:
Dieses Spiel eignet sich auch gut für Kindergeburtstage. Zwei Kinder wickeln jeweils nebeneinander ein Schiffchen auf. Allerdings sollten Sie dies nicht als Wettspiel verstehen. Ganz kleine Kinder mögen so was nicht. – Eventuell können Sie auch für jedes Kind ein Schiffchen bereithalten. Dann laufen mehrere Schiffe aus, und der Spaß ist um so größer.

Laufstecken mit Bändern

Binden Sie bunte Bänder (Schleifenbänder, Geschenkbänder oder Streifen aus Stoff) an einem ca. 60 cm langen Stock oder Ast fest. Nun können die Kleinen mit dem Stecken in der Hand nach Herzenslust durch Haus und Garten rennen und beobachten, wie die Bänder lustig flattern.

Spiele mit Luftballons

Sandballons

Das ist keine Zauberei. Luftballons lassen sich formen wie Knete. Füllen Sie in einen Ballon Sand hinein (bitte nicht aufpusten), und verknoten Sie ihn. Schon läßt sich der Ballon platt klopfen, in die Länge ziehen und zu lustigen Figuren verformen.

Variation:
Die „Sandballons" eignen sich auch für Balancierspiele, die besonders den Gleichgewichtssinn der Kinder weiterentwickeln. Ihr Kind legt dazu einen mit Sand gefüllten Ballon auf die Handfläche und bewegt sich im Raum, ohne daß er herunterfallen darf. Größere Kinder legen den Ballon auf den Kopf und gehen ganz aufrecht und vorsichtig.

In der Gruppe:
Jedes Kind erhält einen gefüllten Ballon, den es nach Herzenslust verformen darf. Nun bewegt sich die Gruppe im Kreis und singt ein Lied. Der Ballon soll auf der Handfläche oder auf dem Handrücken getragen werden.

Variation:
Füllen Sie Luftballons mit Reis, und pusten Sie die Ballons anschließend auf. Auf diese Weise erhalten Sie luftig leichte Spielzeuge, die beim Bewegen ein dumpfes Rascheln erzeugen. Besonders ganz kleine Kinder sind davon fasziniert.

Buntes Luftballonvergnügen

Luftballons, die man einfach aufpustet und im Kinderzimmer verteilt, sind zu jeder Zeit ein faszinierendes Spielvergnügen für Kleinkinder. Mit Papptellern wird es besonders interessant. Wer kann einen Ballon auf einem Pappteller tragen, ohne daß er hinunterfällt? Mit den Papptellern kann man Luft fächern, so daß die Ballons ins Fliegen kommen. Oder die Kinder benutzen die Teller wie Schläger.
Da kleine Kinder eine Vorliebe fürs Ein- und Ausräumen haben, können Sie das Spiel folgendermaßen variieren: Achtung, fertig los! Alle Kinder räumen die Ballons in eine Kiste oder in einen Sack. Nun darf ein Kind die Kiste/den Sack wieder ausleeren. Es kann sich dazu auf einen Stuhl stellen, so daß die Ballons von oben auf die Erde schweben. Gleich beginnt das Aufsammeln von neuem.

In der Gruppe:
Sie können das Spiel auch mit einem akustischen Signal verbinden. Durch Klingeln, Klatschen oder ein ähnliches Zeichen sollen die Kinder ihr Ballonspiel unterbrechen und so viele Ballons wie möglich in die Kiste/den Sack stecken.

Wasser im Ballon

Stecken Sie zwei Luftballons ineinander. Nun füllen Sie den inneren Ballon mit etwa einem Liter Wasser und verknoten ihn fest. Blasen Sie den äußeren Ballon auf, und verknoten Sie diesen ebenfalls. Diese gefüllten Ballons machen ganz unvorhersehbare Flugbewegungen.

Luftballonmassage

Ihr Kind sitzt oder liegt. Nehmen Sie nun in jede Hand einen nur schwach aufgepusteten Ballon und stupsen Sie das Kind damit an verschiedenen Körperstellen. Die Massagebewegungen sind ganz leicht und sanft.

Variation:
Stecken Sie die nur halb aufgepusteten Ballons in ein Kinderkopfkissen. Ihr Kind kann sich nun darauf legen, ohne daß einer der Ballons platzt. Ein herrliches Gefühl von Leichtigkeit, das neue Bewegungsmöglichkeiten eröffnet.

Spiele mit Bällen

Rolle, rolle

„Rolle hin, rolle her!" … Kleine Kinder haben Spaß an Bällen. Sie und Ihr Kind sitzen sich mit gegrätschten Beinen gegenüber. Rollen Sie sich nun gegenseitig einen Ball zu.

Variation:
Ball zunächst um den Körper herum und erst dann zum Gegenüber rollen … Den Ball sitzend mit den Füßen zum Partner stoßen … ihn in der Mitte einmal auftippen lassen … oder im Stehen den Ball rückwärts durch die eigenen Beine rollen.
Besonders interessant wird es, wenn Sie zusätzlich noch andere Bälle einsetzen: Wie verhält sich ein Wasserball? Wie ein Ball aus Stoff oder ein Tennisball?

Hündchen, Hündchen

Das Kind sitzt auf dem Boden und hält sich die Augen zu. Sie verstecken einen Tennisball irgendwo im Raum und sagen dann:

„Hündchen, Hündchen,
wo ist dein Knochen?"

Nun krabbelt das Kind los und sucht den Ball. Besonders reizvoll ist ein Rollentausch. Jetzt sind Sie der Hund und Ihr Kind versteckt den Knochen.

In der Gruppe:
Alle Kinder sitzen im Kreis und halten die Hände vors Gesicht. Anschließend suchen sie gemeinsam den Knochen.

Variation:
Halten Sie für jedes Kind einen Knochen (Tennisball) bereit, der gesucht und anschließend in eine Schüssel gelegt werden soll.

Overbälle für erste Ballspiele

Gut geeignet für erste Ballspiele mit Kleinkindern sind Overbälle, die Sie in Sportgeschäften bekommen. Denn sie sind besonders weich und griffig und fliegen nicht so weit. Man kann sie mit einem Trinkhalm aufpusten und die Luft ebenso wieder ablassen, so daß der Ball in jede Tasche paßt.

Fang den Ball

Werfen Sie Ihrem Kind einen Overball, einen Schaumgummi- oder Plastikball zu, am besten mit einem Spruch: Sagen Sie: „Maren, Maren, fang den Ball!" Ihr Kind wird sich bemühen, die Arme im richtigen Moment auszustrecken und den Ball zu fangen. Selbst wenn Ihr Kind den Ball noch nicht fangen kann, so macht ihm vermutlich schon der Versuch großen Spaß.

Ballrutsche

Legen Sie ein Bügel- oder Regalbrett auf eine Spielzeugkiste oder einen Stuhl. Nun können Kinder verschiedene Bälle oder andere Gegenstände, wie Murmeln, Spielzeugautos, Papprollen, herunterrollen lassen.

Variation:
Stellen Sie an das Ende der Rutsche einen Karton. Schon kullern die Bälle in ein Tor. Oder Sie bauen aus dem Karton einen Tunnel. Schneiden Sie in Vorder- und Rückseite eine große Öffnung hinein und stellen Sie den Karton mit der offenen Seite nach unten auf den Boden. Kann der rollende Ball den Tunnel passieren?

Kegelbahn

Schneiden Sie aus Packpapier, Wellpappe oder Karton einen etwa 30 cm breiten, 2 m langen Streifen zu, und falten Sie ihn an den Seitenrändern so, daß ein Rand von etwa 4 cm entsteht. Befestigen Sie den Streifen mit Teppichklebeband auf dem Boden. Auf dieser kleinen Bahn können Kinder mit etwas Schwung kleine Bälle oder Murmeln rollen lassen. Besonders lustig wird es, wenn am Ende der Bahn ein leichter Kegel, Baustein oder eine Spielfigur steht, die vom Ball umgestürzt werden soll.

Riesenspaß mit Riesenball

Riesenspaß haben kleine Kinder mit großen Sitzbällen. Halten Sie Ihr Kind an den Händen, und ziehen Sie es langsam auf den Ball. Wenn es oben liegt, bewegen Sie den Ball vorsichtig hin und her. Das Kind halten Sie dabei weiterhin fest.

Glockenball

Stecken Sie einen kleinen weichen Kunststoffball in einen Strumpf. Verknoten Sie das Ende mit einem Band, und hängen Sie mehrere Glöckchen daran. Wenn der Ball geworfen oder geschleudert wird, verursacht er Klingelgeräusche.

In der Gruppe:
Alle Kinder sitzen im Kreis und schauen zu Boden oder halten sich die Augen zu. Ein Erwachsener oder ein Kind geht als Katze von außen um den Kreis herum. Alle sind mucksmäuschenstill.

Kritzekratze schleicht die Katze, sag, wo ist die Maus zu Haus?

Nun fällt der Ball (Mäuschen) hinter dem Rücken eines Kindes auf die Erde. Hat das Kind ihn gehört? Schnell springt es auf, schnappt die „Maus" und darf nun selber als „Katze" um den Kreis herumlaufen.

Wir sind die Musikanten
Trommeln, tanzen, Töne machen

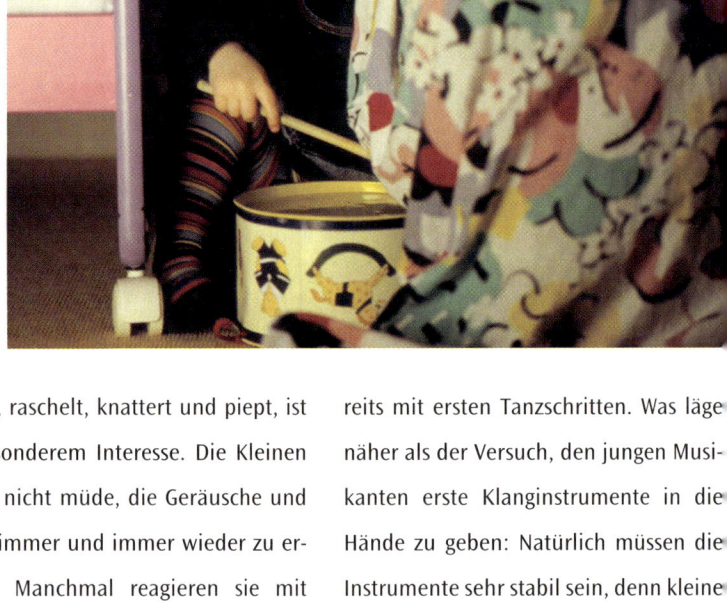

Schon Babys reagieren auf Geräusche, indem Sie ihr Köpfchen in die Richtung, aus der das Geräusch kommt, drehen und aufmerksam lauschen. Krabbel- und Laufkinder schlagen begeistert auf Töpfen herum oder schlagen Spielzeuge geräuschvoll gegeneinander. Alles, was klingelt, raschelt, knattert und piept, ist von besonderem Interesse. Die Kleinen werden nicht müde, die Geräusche und Klänge immer und immer wieder zu erzeugen. Manchmal reagieren sie mit ihrem ganzen Körper auf Musik, und so mancher Dreikäsehoch versucht sich bereits mit ersten Tanzschritten. Was läge näher als der Versuch, den jungen Musikanten erste Klanginstrumente in die Hände zu geben: Natürlich müssen die Instrumente sehr stabil sein, denn kleine Kinder sind meist recht ungestüm und schlagen ordentlich auf die Pauke.

Kling, klang, Glockenklang: Spiele mit Glöckchen und anderen klingenden Sachen

Schellenbänder

Schneiden Sie mehrere Stoffstreifen in etwa 3 cm Breite und 25–30 cm Länge und nähen mehrere Glöckchen daran. Binden Sie diese Schellenbänder um die Handgelenke des Kindes: Beim Klatschen oder bei Fingerspielen entstehen lustige Glockenklänge. Sie können die klingenden Bänder auch um die Fußgelenke knoten. So haben beim Spiel mit den Füßen oder beim Laufen auch die Ohren etwas zu tun.

Nußklapper

Schneiden Sie aus Pappe einen Streifen von 20 cm Länge und 4,5 cm Breite zu, und falten Sie ihn einmal in der Mitte. Nun runden Sie die Enden mit der Schere ab. Klappen Sie den Streifen auf, und kleben Sie an jedes Ende eine Walnußhälfte. Nun kann Ihr Kind durch Öffnen und Schließen der Klapper Geräusche machen.

Klangstab

Bohren Sie in das Holzende eines gerade gewachsenen Astes oder Rundholzes mit dem Handbohrer ein oder mehrere Löcher. Fädeln Sie mehrere Bänder (Stoffstreifen, Geschenkbänder) ein. Binden Sie an jedes Bandende ein Glöckchen. Nun hat Ihr Kind ein neues Klanginstrument. Wenn es den Stab hin und her bewegt oder mit ihm durch die Wohnung rennt, entstehen interessante Klingelgeräusche.

Dazu kann man singen:

Bruder Jakob,
Bruder Jakob,
schläfst du noch,
schläfst du noch?
Hörst du nicht die Glocken,
hörst du nicht die Glocken,
ding-ding-dong,
ding-ding-dong?

Variation:
Binden Sie Schellen- und Glöckchenbänder an ein Kuscheltier. Wenn Teddy jetzt tanzt, so klingt das lustig. Oder aber Sie befestigen Schellen oder Glocken an einer Pferdeleine. Nun klingt es beim Pferdchenspiel wie bei einem Pferdeschlitten.

Rischel, Raschel, Rüssel: rasseln, trommeln, sich bewegen

Indianertrommel

Geben Sie Ihrem Kind eine leere Kaffee- oder Kindernahrungsbüchse mit Kunststoffdeckel und einen Löffel. Jetzt kann es munter darauf herumtrommeln. Schon Einjährige tun dies mit Begeisterung. Sie können auch wahlweise Plastikfolie über einen Blumentopf spannen und mit Gummibändern befestigen. Das erfordert ein vorsichtiges Trommeln, etwa mit den Fingerspitzen, und ist daher eher für ältere Kinder geeignet (ab 3 Jahren). Zur Verzierung können Sie ein Band mit Federn und Perlen um die Trommel herumbinden.

Kinderrassel

Füllen Sie einen Joghurtbecher mit Erbsen, Reis, Perlen … Nun kleben Sie einen zweiten Becher oben drauf. Eventuell umwickeln Sie die Becher an den Klebestellen zusätzlich mit Klebeband. Durch Schüttelbewegungen entstehen verschiedene Geräusche.

Tanzspaß

Geben Sie Ihrem Kind ein Instrument (Kinderrassel, Klangstab, Schellenband), und regen Sie es zu Bewegungen an. Lassen Sie es springen, rennen, sich im Kreise drehen.

In der Gruppe:
Geben Sie jedem Kind ein Instrument. Lassen Sie alle Kinder im Kreise oder durcheinander gehen, Geräusche machen und eventuell ein Lied dazu singen. Auch gut für Kindergeburtstage geeignet!

Punkt, Punkt, Komma, Strich

Wenn die Kleinen malen und werkeln

Bereits im 2. Lebensjahr greifen Kinder gern nach einem Stift und beginnen zu „schreiben" oder zu „malen", wie sie es bei den Großen gesehen haben. Sie freuen sich über Punkte, Striche und Schlangenlinien, die dann entstehen. Darüber hinaus entwickeln sie zunehmend Interesse an Materialien, mit denen man matschen und formen kann. Besonders „Backe, backe-Kuchen-Spiele" im Sandkasten bereiten den Kleinen viel Vergnügen. Eltern, die eine solche Vorliebe bei ihren Kindern beobachten, werden ihnen selbstge-

machte Fingerfarbe und Knete anbieten. Dabei geht es bei den Kindern zunächst um die Materialerfahrung und noch nicht um ein sichtbares Ergebnis. Oft zerstören Kinder ihr Produkt am Ende selbst und beginnen damit, wieder etwas Neues auszuprobieren. Die frühen Bildwerke sind keineswegs wertlose „Kritzeleien" oder sinnloses „Herumschmieren". Sie entstehen aus einem elementaren Bedürfnis des Kindes heraus, aus Freude am Spiel mit Farben und Formen. Vermeiden Sie nach Möglichkeit Fragen wie: „Was hast

du denn da gemalt? Was soll das sein? Das frühzeitige Deuten von Bildwerk führt dazu, daß die bildnerische En wicklung des Kindes nicht zur voll Entfaltung kommt. Achten Sie die kin liche Eigenständigkeit und Phantas Bildnerisches Gestalten ist ein Proze der sich tief aus dem Inneren Ihres K des heraus entwickelt, der einmalig u unverwechselbar ist und unsere We schätzung verdient. Kinder kommen auf so einmalig originelle und kreati Lösungen, daß wir Erwachsenen r staunen können.

Das kleine Rot, das kleine Gelb: Farb- und Klecksspiele

Besonders die Spiele mit Fingerfarben sind bei uns Eltern nicht immer beliebt. Wir denken schnell an die leidigen Flecken an Kacheln und Wänden. Andererseits sehen wir natürlich auch die Freude, die Kinder beim Umgang mit Farben empfinden. Vielleicht finden Sie hier einen Kompromiß. Überlegen Sie, wohin sie einen Maltisch stellen könnten, den Sie zum Schutz mit einer abwaschbaren Decke versehen. Im Sommer sind natürlich Balkon, Terrasse oder Garten besonders geeignet. Auch eine Malwand aus Papier, Pappe oder abwaschbaren Brettern, die Sie im Freien aufstellen, ist genau das Richtige für kleine Schmierfinger. Denken Sie auch an einen Malkittel (abgeschnittenes Oberhemd von Papa)!

Fingerfarbe Marke „Eigenbau"

Selbstgemachte Fingerfarbe kann auch ohne Nebenwirkungen einmal verschluckt werden. Sie läßt sich ohne viel Aufwand herstellen. Kochen Sie 1 bis 2 Päckchen klaren Tortenguß auf und lassen Sie ihn abkühlen. Teilen Sie die Masse in drei Portionen. Geben Sie in jede Portion eine andere Lebensmittelfarbe, Rot, Gelb, Blau. Nun kann Ihr Kind auf festem Papier erste Malversuche starten.

Variation:
Ihr Kind malt nicht auf Papier, sondern auf einem alten Spiegel, den Sie direkt vor das Kind auf den Tisch oder auf den Fußboden legen (Abdeckfolie zum Schutz des Fußbodens).

Fingerabdruck

Streichen Sie die Kinderhand dick mit Fingerfarbe ein. Nun drücken Sie die Hand fest aufs Papier. Kann Ihr Kind den nächsten Abdruck schon alleine machen?

Variation:
Ihr Kind drückt Abdrücke auf die Fensterscheibe. Das ist nicht nur lustig, sondern auch dekorativ.

Pustebilder

Ihr Kind malt viele Kleckse mit dem Pinsel oder einer Spritzflasche auf festes Papier. Nun darf es mit Hilfe eines Strohhalms kräftig pusten. Aus den Klecksen entstehen nun feine Linien, die sich über das ganze Blatt ziehen.

Pflanzenfarben

Wer keine Lebensmittelfarbe benutzen möchte, kann auf Pflanzenfarben zurückgreifen. Kamillentee, Kirschsaft oder schwarze Johannisbeere ergeben einen natürlichen gelben bzw. roten oder blau-lila Farbton.

Kritzelspiele mit Stiften

Geben Sie Ihrem Kind ein großes Stück Papier (Packpapier, Tapete, Druckerpapier). Kleben Sie das Papier mit Klebeband auf dem Tisch oder auf der Erde fest. Auf diese Weise kann es nicht verrutschen. Am Anfang kann es sinnvoll sein, zuerst einmal die Handhabung der Materialien zu zeigen, am besten zunächst von Wachsmalstiften oder dicken, kurzen Buntstiften, die gut in der Kinderhand liegen. Wie hält man einen Stift, und was kann der Stift alles machen? Anschließend sollten Sie dem Kind aber die freie Gestaltung selbst überlassen und nur noch als Zuschauer Anteil nehmen.

„Papierbatik"

Ältere Kinder (ab 3 Jahren) können eine sogenannte „Papierbatik" erstellen. Das Kind malt über die Kritzel aus Wachsmalstiften einfach mit dünner Wasserfarbe hinweg. An den mit Wachsmalstiften bemalten Stellen perlt die Wasserfarbe ab. Interessante Gebilde entstehen.

Zuckerkreide

Brechen Sie bunte Tafelkreiden in viele kleine Stücke, und weichen Sie diese ein paar Stunden lang in Zuckerwasser (zwei Teelöffel Zucker auf eine Tasse Wasser) ein. Die Zuckerkreide hat eine besondere Leuchtkraft. Sie ist besonders weich und haftet ganz ohne Druck auf dem Maluntergrund.

Heute sind wir Bäcker: Kneten und Formen

Nicht nur im Sandkasten, auch drinnen in der Küche spielen Kinder Bäcker. Ideal für die Kleinsten sind Spielteige, die sogar einmal in den Mund wandern können, ohne allzu großen Schaden anzurichten.

Knete im Handumdrehen

Vermischen Sie drei Tassen Mehl, 2 Tassen Wasser und 2 Eßlöffel Öl und kneten Sie diese kräftig in einer Schüssel durch. Diese Knete ist ohne Salz und deshalb schon für die ganz kleinen Bäcker geeignet.

Haltbare Knete

Diesen Spielteig können Sie bis zu einem halben Jahr im Kühlschrank aufbewahren.
Verrühren Sie 400 g Mehl, 200 g Salz, 2 Eßlöffel Alaunpulver (Apotheke), 3 Eßlöffel Speiseöl und eine Messerspitze Lebensmittelfarbe oder Kirschsaft mit einem Handmixer. Ist die Masse zu trocken, kann etwas Öl zugegeben werden.
Geben Sie Ihrem Kind eine Kugel aus Teig. Meist entdeckt es selbst, was man damit machen kann, klopfen, zerreißen, Löcher hineinbohren usw.

Krimskrams aus der Kiste

Sammeln Sie Papier- und Pappschachteln, alte Joghurtbecher, Haushalts- und Toilettenrollen in einer Krimskramskiste. Sie ist eine Fundgrube für Ideen.

Eine Schlange zum Nachziehen

Lassen Sie vier, fünf Toilettenpapierrollen von Ihrem Kind bunt anmalen. Machen Sie ein Loch durch zwei Rollen, verknoten Sie an dem Loch einer Rolle eine Schnur, und fädeln Sie die anderen Rollen wie bei einer Kette auf. Verknoten Sie die Schnur, an der Öffnung der letzten Rolle und lassen Sie die Schnur etwa 1 m überhängen.

Ein Wunderturm aus Schachteln

Lassen Sie Ihr Kind die Krimskramskiste ausleeren. Mit Schachteln und Dosen läßt es sich herrlich bauen. Wie hoch kann ein Turm aus Schachteln oder Haushaltsrollen oder Joghurtbechern werden, ohne umzufallen? Sollte er umstürzen, beginnen wir von neuem. Sie können auch den Turm mit Klebstoff zusammenleimen.

Die Raupe

Lassen Sie Ihr Kind Wattepads grün anmalen und dann auf einer Schnur auffädeln. Das letzte Pad bildet den Kopf. Hier können nach Wahl Augen aufgemalt oder aufgeklebt werden. Ziehen Sie jeden Pad etwas auseinander. Die „Raupe" kann auf dem Tisch entlanggezogen oder im Kinderzimmer aufgehängt werden.

Fröhliches Mosaik

Papierreste, altes Geschenkpapier oder alte Zeitschriften, sind ideal für die erste Collage der Kleinsten. Ihr Kind darf die Papiere nach Herzenslust in viele Schnipsel zerreißen. Jedes Schnipselchen wird mit Tapetenkleister eingestrichen und auf das Blatt geklebt. Ein Geduldsspiel für geschickte Kinderhände.

Variation:
Wenn Sie Transparentpapier nehmen und Ihr Kind die Schnipsel auf Butterbrot- oder Architektenpapier klebt, haben Sie ein schönes Fensterbild fürs Kinderzimmer!

... und jetzt?

Spiele für lange Tage und Stunden

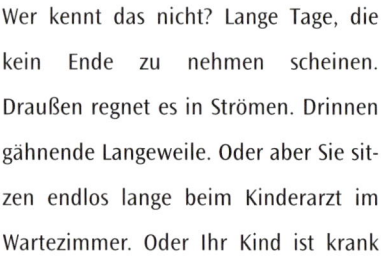

Wer kennt das nicht? Lange Tage, die kein Ende zu nehmen scheinen. Draußen regnet es in Strömen. Drinnen gähnende Langeweile. Oder aber Sie sitzen endlos lange beim Kinderarzt im Wartezimmer. Oder Ihr Kind ist krank und muß eine Weile das Bett hüten. Oder aber Ihr Kind langweilt sich bei einer längeren Autofahrt.

Dieses Kapitel möchte Ihnen für diese und ähnliche Situationen zündende Spielideen und Anregungen geben, damit die Zeit im Handumdrehen vergeht. Spiele, die nur wenig Vorbereitung, Aufwand und Material erfordern und sicherlich Ihr Kind in den Bann ziehen.

Wir warten

Was haben Sie in Ihrer Handtasche? Beim Kramen finden Sie Taschentücher, Kugelschreiber, Papier und Schlüssel, Schätze für ein kleines Spiel zwischendurch. Und selbst mit den eigenen Fingern kann man spielen. Das macht nicht nur Spaß, sondern fördert auch Konzentration und Sprachgefühl, selbst wenn die Bedeutung der Worte von kleinen Kindern nicht immer verstanden wird. Viele Fingerspiele, die Sie bereits kennen, können Sie auch im Wartezimmer spielen. Texte kann man auch leise sprechen oder flüstern. Das finden die Kinder manchmal gerade lustig. Und wenn sie die Ohren spitzen müssen, dann ist die Konzentration besonders groß.

Die kleine Raupe

Die kleine Raupe ist nie satt,
sie krabbelt auf ein grünes Blatt.

Sie frißt und frißt,
und wird ganz matt.
Da schläft sie ein auf ihrem Blatt.

Nach vielen Tagen,
welch ein Ding,
da wird aus unsrer Raupe,
ein bunter Schmetterling.

▶ Ein Taschentuch in die Handfläche legen. Mit den Fingern einer Hand auf das Taschentuch krabbeln.
▶ Fressen andeuten.

▶ Aus der Krabbelhand eine Faust machen.
▶ Die Faust öffnet sich, ergreift das Taschentuch und fliegt als „Schmetterling" davon.

Schlüsseltanz

Hei, wie ist die Welt so schön,
wenn die Schlüssel tanzen gehn.
Tanzen hin und tanzen her.
Tanzen ist ja gar nicht schwer.
Tanzen laut und tanzen leise,
tanzen fröhlich rund im Kreise.
Springen munter auf und ab.
Tanzen lustig klapp-klapp-klapp.

▶ Mit den Schlüsseln klappern.

▶ Schlüssel hin und her bewegen.

▶ Laut und leise klappern. Die Schlüssel im Kreis und anschließend hoch und runter bewegen.

▶ Mit den Schlüsseln auf den Schoß des Kindes patschen.

Zaubern

Legen Sie unauffällig in zwei leere Streichholzschachteln je einen kleinen Gegenstand (ein Geldstück und eine kleine Papierkugel). Nun breiten Sie das Taschentuch auf dem Schoß aus, legen eine der Schachteln darunter und sprechen bedeutungsvoll einen Zauberspruch:

Hokus, pokus, fidibus,
dreimal schwarzer Kater!

Während des Sprechens haben Sie aber die Schachteln vertauscht. Nun ziehen Sie das Tuch weg. Ihr Kind darf die Schachtel öffnen und nachsehen. Was ist denn das? Das Geldstück ist weg. Wo kommt denn jetzt die Papierkugel bloß her?

Variation:
Sie verzichten auf die Streichholzschachteln und legen einen Gegenstand aus Ihrer Handtasche direkt unter das Tuch. Dann lenken Sie das Kind ab, lassen den Gegenstand verschwinden und zaubern ihn anschließend wieder herbei.

Klitzekleines Zwerglein

Klitzekleines Zwerglein,
stieg mal auf ein Berglein.
Rutschte aus,
ging nach Haus.
Schon ist die Geschichte aus.
Überliefert

▶ Der Daumen klettert den Arm hinauf, rutscht ab und läuft über den Schoß nach Haus.

Das Männlein

Der Mond ist rund,
der Mond ist rund,
er hat zwei Augen,
Nas und Mund.
Überliefert

▶ Zeichnen Sie mit dem Kugelschreiber zu dem Vers einen runden Mond mit Augen, Nase und Mund auf Papier.

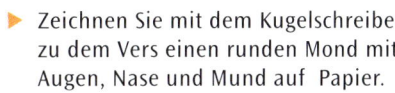

51

Es regnet, es regnet

Wenn dicke Tropfen an die Scheibe prasseln, dann sind Spiele im Freien oft nicht möglich. Für Kinder mit starkem Bewegungsdrang bieten sich dann die Bewegungsspiele drinnen an (Seite 32–42)! Andere Stubenhocker hingegen pusseln stundenlang und finden gerade dann Gefallen an kleinen Geduldsspielen, die an langen Tagen so richtig ausgedehnt werden können. Vielleicht lohnt es sich, in Küche, Besenschrank und Nähkästchen zu kramen!

Dem Regen lauschen

Hören Sie gemeinsam mit Ihrem Kind, wie der Regen an die Scheiben prasselt. Nun suchen Sie im Haus nach Möglichkeiten, den Klang der Regentropfen nachzuahmen:

- ▶ Trommeln Sie mit den Fingern auf Tisch und Stühlen.
- ▶ Trommeln Sie auf einer Vorratsdose oder auf einem Kochtopf herum.
- ▶ Trommeln Sie mit Wachsmalstiften auf Papier.

Verändern Sie Lautstärke und Tempo. Trommeln Sie abwechselnd leise und laut, schnell und langsam, je nachdem, wie stark der Regenschauer ist. Auch Blitz und Donner kann man nachspielen und ebenso die Leute, die jetzt schnell nach Hause rennen.

Liebe Sonne

Liebe, liebe Sonne,
komm ein bißchen runter!
Laß den Regen oben,
dann wollen wir dich loben.
Einer schließt den Himmel auf,
kommt die liebe Sonn heraus.
Überliefert

Es regnet

Es regnet, Gott segnet.
Die Erde wird naß.
Mach mich nicht naß,
mach mich nicht naß,
mach nur die bunten Blumen naß.

Es regnet, Gott segnet.
Die Erde wird naß.
Mach mich nicht naß,
mach mich nicht naß,
mach nur die grünen Wiesen naß.

Es regnet, Gott segnet …
mach nur die dicken Bäume naß.
mach nur die vielen Autos naß.
mach nur die hohen Häuser naß.
Überliefert und ergänzt

Dosentürme

Auch ohne Bausteine kann man bauen. Mutters Küchenschrank ist eine Fundgrube für Haushaltsgeräte, die sich leicht zweckentfremden lassen.
Geben Sie Ihrem Kind einige Gefäße (Dosen, Plastikbecher, Küchensiebe etc.), damit kann es viel anfangen. Es kann übrigens nicht nur in die Höhe bauen. Becher und Dosen lassen sich auch ineinanderstecken und in einer langen Reihe nebeneinander aufbauen. Hier lernt das Kind auch spielerisch leicht Größenunterschiede kennen.

Nudelsuppe

Bohren Sie in den Deckel einer Frisch-haltedose ein kleines Loch. Nun kann Ihr Kind verschiedene Nudeln durch die Öffnung stecken, so daß sie mit lautem Plumps in das Innere der Dose fallen.

Variation:
Größere Kinder, die bereits Formen und Größen erkennen und unterschei-den, können jeweils gleiche Nudeln in Schälchen sortieren.

Achtung in der Küche

Es ist wichtig, daß Ihr Kind lernt, an welches Küchenfach es gehen darf und an welches nicht. Im-merhin lauert in der Küche so manche Unfallgefahr! Richten Sie am besten eine Kinderschublade ein oder eine spezielle Kiste mit ungefährlichen Küchengeräten (mit Sieb, Holzlöffel, Schneebe-sen, einigen Vorratsdosen usw.). Sagen Sie bei anderen Fächern und Schränken kategorisch „nein", denn nur auf diese Weise kann sich Ihr Kind an feste Regeln gewöhnen.

Klammern

Ihr Kind steckt Wäscheklammern aus Holz oder Kunststoff auf Bierdeckel, Wäscheleine oder Pappstreifen.

Variation:
Auch Wäscheklammern kann man in Dosen plumpsen lassen.

Fang den Floh

Ein Handtuch auf der Tischplatte aus-breiten. Nun legen Sie einen Knopf (als Floh) mitten auf das Tuch. Jetzt soll er ein Kunststück machen und in hohem Bogen springen. Sie nehmen einen zweiten Knopf und drücken ihn auf den Rand des ersten Knopfes. Wenn der Floh gesprungen und gelan-det ist, fängt Ihr Kind ihn. Es stülpt den Fangbecher (Eisbecher aus Papier, Meß- oder Mixbecher) über den Knopf.

Korkenkegeln

Mindestens 6 Korken auf dem Tisch aufstellen. Wer statt dessen Filmdosen wählt, kann diese wie eine Pyramide aufbauen. Gelingt es Ihrem Kind nun, eine Murmel so zu rollen, daß die Kor-ken oder Filmdosen getroffen wer-den?

Bierdeckelhaus

Was kann man aus Bierdeckeln alles gestalten? Die Deckel in eine lange Reihe legen oder zwei Deckel wie ein Zelt gegeneinander lehnen. Oder aber mit Mutters oder Vaters Hilfe vier Deckel so aneinander stellen, daß sie ein kleines Haus ohne Dach ergeben. Wer ganz geschickte Hände hat, der versucht nun, einen fünften Deckel obendrauf zu legen. Jetzt ist das Haus perfekt.

Variation:
Wenn die Bierdeckel mit verschiede-nen Materialien, beispielsweise mit Fell, Stoff, Federn beklebt werden, können sie auch als Tastkärtchen dienen. Ihr Kind befühlt die Kärtchen und erspürt die Unterschiede.

53

Das Kind ist krank

Kranke oder genesende Kinder überschätzen oft ihre Kräfte und Möglichkeiten. Sie wollen rasch wieder rennen und springen. Notwendige Ruhepausen lassen sich oft nur mit dem erhobenen Zeigefinger herstellen, und dies ist weder wünschenswert noch von langer Dauer. Wie wäre es mit kleinen Geduldsspielen, die sich leicht im Bett, auf dem Sofa oder im Kuscheleckchen spielen lassen?

Das Fädelspiel

Stanzen Sie viele Löcher in den Deckel eines Schuhkartons, rings um den äußeren Rand. Der Abstand zwischen den Löchern sollte ca. 2 cm betragen. Sie können ein Motiv, wie einen Baum oder einen Apfel, aufmalen und die Konturen durch eingestanzte Löcher hervorheben. Ihr Kind bekommt nun eine dicke Stopf- oder Webnadel mit einem ausreichend langen Woll- oder Bastfaden und soll durch Hoch- und Runterführen der Nadel das Motiv mit kleinen Steppstichen umnähen. (Das Spiel ist etwa ab dem 3. Lebensjahr geeignet.)

Biegefiguren

Verschiedenfarbige Pfeifenputzer in unterschiedlich große Stücke schneiden und diese auf ein Brett oder in den Deckel eines Schuhkartons legen. Der Draht läßt sich zu allen möglichen Figuren verbiegen. Ihr Kind kann so experimentieren!

Kette aufziehen

Ein 30 bis 60 cm langes Stück Blumendraht abschneiden und am Ende einen Knopf oder eine Perle befestigen. Nun können Knöpfe oder kleine Stücke von Trinkhalmen aufgefädelt werden.

Kataloge zum Blättern und Kritzeln

Kleine Kinder können sich oft lange mit alten Katalogen für Spielzeug oder andere Dinge beschäftigen. Sie blättern oder reißen Seiten heraus. Man kann auch schön mit einem Stift in dem Katalog herumkritzeln.

Verschwundene Hände

Meine Hände sind verschwunden,
ich habe keine Hände mehr!
Ei, da sind die Hände wieder.
Tra-la-la-la-la.
Ei, da sind die Hände wieder.
Tra-la-la-la-la!
Überliefert

▶ Die hinter dem Rücken versteckten Hände kommen wieder hervor und winken.

Knöpfe als Spielsteine

Ein Stück Filz oder Tuch in den Deckel eines Schuhkartons legen. Geben Sie unterschiedliche Knöpfe in eine Dose oder in ein Säckchen. Achtung: Je kleiner das Kind, desto größer sollten die Knöpfe sein, da sonst die Gefahr des Verschluckens besteht. Nun kann Ihr Kind die Knöpfe abwechselnd ausleeren und einräumen oder daraus Muster und Figuren legen. Wenn das Kind auf dem Boden oder am Tisch sitzen kann, wird es bestimmt auch gerne größere Muster und Mandalas aus Knöpfen, Murmeln, Steinchen legen.

Ratebox

Schneiden Sie an jede Seite eines mittelgroßen Kartons je eine Öffnung für die Hände. Legen Sie unter den Karton einen Gegenstand aus der Umgebung des Kindes (Puppe, Auto, Baustein …). Das Kind führt nun die Hände durch die Öffnungen und tastet den Gegenstand, ohne ihn zu sehen. Kann es den Namen des Gegenstandes nennen?

In der Gruppe:
Alle Kinder sitzen im Kreis. Unter dem Karton liegen mehrere Gegenstände. Nacheinander kommen die Kinder an die Reihe. Jedes Kind darf einen Gegenstand ertasten.

Sortierbox für geschickte Hände

Als Vorlage nehmen Sie drei verschieden geformte Bauklötze (dreieckiger Baustein, Würfel und Walze beispielsweise). Stellen Sie die Steine auf den Deckel eines Schuhkartons, so daß Sie Ihre Form mühelos mit einem Stift nachzeichnen können. Nun schneiden Sie die Form mit einer Schere aus. Ihr Kind hat nun die Aufgabe, den richtigen Stein in die richtige Öffnung zu stecken und in die Kiste plumpsen zu lassen.

Fingerspiele für zwischendurch

Kleine Spielverse und Fingerspiele helfen dabei, lange Tage und lästige Wartezeiten
zu überbrücken. Da wird jede Pause zum Vergnügen.
Die Fingerspiele sind auch für längere Autofahrten gut geeignet.

Zehn kleine Zappelmänner

Zehn kleine Zappelmänner
zappeln hin und her,
zehn kleine Zappelmänner
finden's gar nicht schwer.
Zehn kleine Zappelmänner
zappeln auf und nieder,
zehn kleine Zappelmänner
tun das immer wieder.

▶ Zappeln Sie mit den Fingern hin
und her.

▶ Zappeln Sie nun auf und nieder.

Zehn kleine Zappelmänner
zappeln ringsherum,
zehn kleine Zappelmänner,
die sind gar nicht dumm.
Zehn kleine Zappelmänner
spielen gern Versteck,
zehn kleine Zappelmänner
sind auf einmal weg.
Überliefert

▶ Zappeln Sie mit den Fingern im
Kreis herum.

▶ Verstecken Sie die Hände hinter
Ihrem Rücken!

Bimmel, bammel

Bimmel, bammel, bommel,
die Katze schlägt die Trommel.
Und die kleinen Mäuschen,
tanzen in der Reih.
Und die ganze Erde
donnerte dabei.
Überliefert

▶ Mit beiden Zeigefingern auf den
Tisch trommeln.
▶ Die zehn Finger wie Mäuse hin und
her laufen lassen.
▶ Mit den Handflächen oder Fäusten
laut auf den Tisch schlagen.

Das Krokodil

Das Krokodil,
das Krokodil,
das sitzt ganz müd und faul am Nil.
Da kommt eine Libelle (sssss)
und rückt ihm auf die Pelle.
Das Krokodil muß niesen (hatschi),
Libelle muß es büßen.
Das Krokodil schnappt einfach zu (haps).
Es frißt das Tier
und schmatzt dazu (mmmmm).

▶ Formen Sie mit der Hand das Maul
eines Krokodils.

▶ Die andere Hand bildet eine Libelle.

▶ Laut niesen.

▶ Hand auf und zu machen.

▶ Schmatzen und mit der Hand Kau-
bewegungen andeuten.

Tausendfüßler

Der Tausendfüßler Willibald
hat tausend Schuhe an.
Ein jedes Bein, das steckt, oh Schreck,
in einem Stiefel drin.

► Lassen Sie alle zehn Finger wie einen Tausendfüßler über den Tisch laufen.

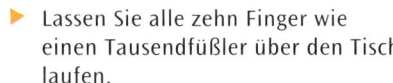

Der Tausendfüßler Willibald
hat tausend Schlittschuh an.
Ein jedes Bein, das gleitet weich
und leise übers Eis.

► Nun gleiten die Hände leise über den Tisch.

Der Tausendfüßler Willibald,
der geht zum Tanze aus.
Ein jedes Bein, das tanzt allein
vergnügt im Walzerschritt.

► Alle Finger tanzen hin und her.

Der Tausendfüßler Willibald,
der geht zum Fußballplatz.
Er rennt und stürmt wie nie zuvor,
und alle brüllen laut im Chor:
„Der Willibald, der schießt ein Tor!"

► Die Finger stürmen wild über den ganzen Tisch. (Sie können auch eine Murmel als Fußball einsetzen.)

Himpelchen und Pimpelchen

Himpelchen und Pimpelchen
stiegen auf einen Berg.
Himpelchen war ein Heinzelmann,
und Pimpelchen war ein Zwerg.

► Lassen Sie beide Daumen auf Ihren Kopf steigen.
► Bewegen Sie nun abwechselnd beide Daumen.

Sie blieben lange dort oben sitzen
und wackelten mit ihren Zipfelmützen.
Und nach siebenundzwanzig Wochen
sind sie in den Berg gekrochen.

► Wackeln Sie gleichzeitig mit den Daumen.

Liegen da in süßer Ruh,
nun sei mal still und horch fein zu!
Ch-sch-sch-sch.
„Kikerikiiii!"
Heißa, heißa, heißassa,
Himpelchen und Pimpelchen sind wieder da.
Überliefert

► Verbergen Sie die Daumen hinter Ihrem Rücken.
► Laut schnarchen.
► Einen Hahn nachahmen.
► Die Daumen zeigen und tanzen lassen.

Still und leise
Ruhige Spiele für unruhige Kinder

Kinder zeigen uns recht deutlich, wenn sie nach einem anstrengenden Spieletag Ruhe benötigen. Vielleicht waren Freunde zu Besuch, und es ging recht turbulent zu. Oder Sie hatten den ganzen Tag über Termine, und das Kind mußte im Eiltempo mit. Möglicherweise waren Sie ein wenig hektisch und überreizt und konnten dem Kind wenig Ruhe vermitteln. Und dann gibt es hin und wieder Situationen, in denen die Kleinen so aufgedreht und gleichzeitig so müde und erschöpft sind, daß sie sich auch über einen längeren Zeitraum hinweg kaum beruhigen lassen. Versuchen Sie zunächst, sich selbst zu entspannen. Achten Sie auf Ihre Atmung. Ihre eigene entspannte Haltung überträgt sich auf Ihr Kind. Sprechen Sie mit Ihrem Kind leise und in ruhigem Tonfall. Wenden Sie sich Ihrem Kind liebevoll zu, streicheln, wiegen und schaukeln Sie es in gleichbleibendem Rhythmus, summen Sie dazu oder singen Sie ein Wiegenlied. Geben Sie Ihrem Kind sein Lieblingskuscheltier oder die Schmusedecke als Trost. Gehen Sie an einen ruhigen Ort, in ein ruhiges Zimmer oder in die Natur, und lauschen Sie dem Wind, dem Bach oder dem Singen eines Vogels.

Ruhe durch lauschen

Vogelstimmen

Lauschen Sie dem Klang einer Vogelstimme. Anschließend sprechen oder singen Sie den Vers und lauschen dann erneut auf den kleinen gefiederten Sänger.

Melodie:
Kommt ein Vogel geflogen

Piept ein Vogel im Garten,
piept so lieblich und fein,
singt ein Liedchen zum Träumen,
für die Lea soll es sein.

Unsere Uhr

Auch im Zimmer kann man lauschen: Die Treppe knarrt, die Heizung blubbert, die Uhr tickt.

Tick-tack, tick-tack,
die große Uhr ist müd' und schlapp.
Tick-tack, tick-tack,
die Maren schaukelt leis' im Takt.

Nehmen Sie Ihr müdes Kind auf den Arm und stellen Sie sich mit ihm in die Nähe einer laut tickenden Uhr. Ideal ist eine Uhr mit Pendel. Lauschen Sie dem Klang der Uhr, und beginnen Sie dann mit Schaukelbewegungen im Rhythmus der Uhrengeräusche. Sie können auch mit Ihrer Stimme ein beruhigendes gleichmäßiges Tick-tack imitieren.

Ein Kinderhaus zum Verstecken und Kuscheln

Legen Sie ein Bettlaken über einen ca. 80 cm hohen Tisch. Sie können, falls das Laken zu groß ist, die Seiten umschlagen und mit ein paar groben Nähstichen festheften. Wenn Sie mögen, schneiden Sie in das Laken ein Loch als Fenster hinein. Damit das Tuch nicht immer wieder vom Tisch herunterrutscht, können Sie Bänder annähen und auf diese Weise das Laken an den Tischbeinen festbinden. Legen Sie weiche Decken, Kissen oder ein Schaffell in das kleine Haus. So hat Ihr Kind eine Möglichkeit, sich zurückzuziehen, zu entspannen und zu träumen.

Stille, stille

Stille, stille, kein Geräusch gemacht!
Darum seid nur alle still,
weil der Peter ruhen will.
Stille, stille, kein Geräusch gemacht.
Überliefert

▶ Singen oder sprechen Sie den Vers mehrmals hintereinander, sprechen Sie bei jeder Wiederholung leiser und leiser, bis Ihre Stimme kaum noch hörbar ist.

In der Gruppe:
Alle sitzen im Kreis. Singen Sie den Vers mit der Gruppe betont leise. Setzen Sie bei Wiederholungen die verschiedenen Kindernamen ein: „... weil der Dominik ... die Mareike ... der Fabian ... ruhen will."

Variation:
Wenn der Name des Kindes genannt wird, legt es sich zum Ausruhen auf die Erde oder kuschelt sich an Mutter oder Vater.

Der Wasserhahn

Tropf, tropf, Wasserhahn,
ich höre dir jetzt zu.
Tropf, tropf, Wasserhahn,
jetzt hab ich endlich Ruh.
Tropf, tropf, Wasserhahn,
du singst mir jetzt ein Lied.
Tropf, tropf, Wasserhahn,
jetzt werd ich still und müd ...

▶ Drehen Sie den Wasserhahn ganz wenig auf. Lauschen Sie gemeinsam mit Ihrem Kind dem Klang der herabfallenden Tropfen. Sprechen Sie den Vers und lauschen dann erneut den Wassergeräuschen.

Spieluhr zum Einschlafen

Die gute alte Spieluhr ist ein bewährtes Mittel zum Lauschen und Ruhigwerden. Man kann sie übrigens nicht nur vor dem Einschlafen einsetzen, sondern auch zwischendurch zur Entspannung.

In der Gruppe:
Sie können das Lauschspiel vom Wasserhahn auch dazu verwenden, um Kindergruppen zum Hinhören und zur Ruhe zu führen. Trommeln Sie mit den Fingerspitzen auf einen Stuhl, eine Tischplatte oder auf den Fußboden. Besonders konzentrationsfördernd sind leise und langsame Bewegungen mit den Fingerspitzen.

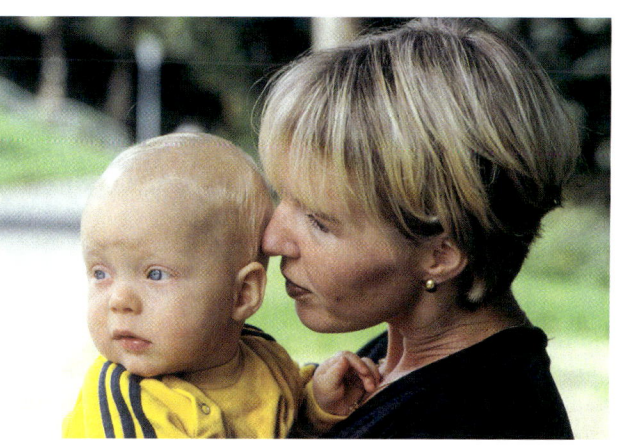

Ruhe durch Bewegung

Erfahrungen zeigen immer wieder, daß kleine Kinder durch monotone, gleichförmige Bewegungen zur Ruhe finden. Nicht umsonst schlafen Kinder bei Autofahrten zufrieden ein oder schlummern sanft, wenn sie im Kinderwagen, in einer Wiege oder einer Hängematte geschaukelt werden. Auch beim Tragen auf dem Arm, dicht am Körper von Mutter oder Vater, fühlen sich die Kleinen sicher und geborgen. Wiegen und Schaukeln stehen in enger Beziehung zum Gefühlsleben.

Es stürmt

Ihr Kind legt sich gemütlich auf eine Decke. Holen Sie nacheinander verschiedene Tücher, wie Stoffwindel, Geschirr-, Hand-, Seiden-, Staubtuch, und streichen Sie mit jedem einzelnen Tuch über das Gesicht des Kindes. Wenn Ihr Kind nackt oder nur wenig bekleidet ist, können Sie es auch am Körper streicheln. Nun machen Sie mit jedem einzelnen Tuch „Wind", indem sie es über dem Kopf des Kindes auf und nieder bewegen.

In der Gruppe:
Alle Kinder liegen auf dem Boden. Die Erwachsenen greifen ein Bettlaken und bewegen es über den Kindern auf und nieder. Dabei soll ein kräftiger Wind entstehen.

Wind, Wind, sause,
Wind, Wind, brause.
Der Wind, das ist ein wilder Mann,
der weht und pustet, was er kann …
Wind, Wind, sause …

Alle schaukeln

Bäume schaukeln,
Busse schaukeln,
Gondeln schaukeln
hin und her.

Enten schaukeln,
Schiffe schaukeln,
schaukeln, schaukeln
auf dem Meer.

Du kannst schaukeln,
ich kann schaukeln,
alle schaukeln
kreuz und quer.

▶ Schaukeln Sie Ihr Kind auf dem Schoß oder auf dem Arm.

In der Gruppe:
Alle sitzen im Kreis am Boden. Mutter/Vater und Kind sitzen paarweise zusammen. Das Kind befindet sich zwischen den gegrätschten Beinen des Erwachsenen. Dieser umfaßt das Kind am Rumpf und schaukelt mit ihm von einer Seite auf die andere. Soll das Spiel beruhigend wirken, ist es wichtig, langsam zu sprechen und ebenso langsam und bewußt die Bewegungen auszuführen.

Schaukelkorb

In einen Wäschekorb legen Sie weiche Decken, Schaffelle, Kuschelkissen. Einsteigen zum Gemütlichmachen! Ist der Korb nicht kuschelig weich? So richtig zum Wohlfühlen und Entspannen. Zwei Erwachsene nehmen nun den Korb mit dem Kind von der Erde hoch und schaukeln ihn im Gleichklang hin und her. Sie können dazu eine Melodie summen, ein Wiegenlied singen oder den folgenden Vers aufsagen.

Schiffschaukel, Schiffschaukel,
wir fliegen übers Land,
Schiffschaukel, Schiffschaukel,
wir reichen uns die Hand.
Schiffschaukel, Schiffschaukel,
wir fliegen über Berge,
Schiffschaukel, Schiffschaukel,
wir treffen sieben Zwerge.
Schiffschaukel, Schiffschaukel,
wir fliegen übers Meer,
Schiffschaukel, Schiffschaukel,
das freut die Fischlein sehr.
Schiffschaukel, Schiffschaukel,
wir landen jetzt im Gras,
Schiffschaukel, Schiffschaukel,
das macht allen Kindern Spaß.

▶ Sagen Sie den Spruch während des Schaukelns ganz langsam und ruhig.
Setzen Sie anschließend das Kind vorsichtig wieder ab.

Variation:
Für beruhigende Schaukelbewegungen eignen sich auch eine Decke oder ein Bettlaken (Schaukeltuch), eine Hängematte, ein Schaukelstuhl oder Petziball.
Beliebt sind auch Tragespiele. Tragen Sie Ihr Kind auf dem Arm durch die Wohnung und singen Sie leise zur Beruhigung.

Die Gänschen

Suse, liebe Suse,
was raschelt im Stroh?
Die Gänschen gehen barfuß,
und haben keine Schuh.
Der Schuster hat's Leder,
keine Leisten dazu.
Drum gehn die Gänschen barfuß,
ohne Strümpfe und Schuh.
Überliefert

▶ Nehmen Sie Ihr Kind auf den Schoß und wiegen Sie es behutsam hin und her.

Heute ist ein besonderer Tag

Jeder Tag ist Spieletag. Dennoch ist kein Tag wie der andere. Und es gibt ganz besondere Höhepunkte und Feste im Lauf eines Jahres, die sich vom alltäglichen Einerlei abheben. Auch wenn kleine Kinder den ersten Geburtstag oder das erste Weihnachtsfest noch nicht so bewußt wahrnehmen, so lernen sie mit zunehmendem Alter diese besonderen Tage zu schätzen und mitzugestalten.

Auch jede Jahreszeit hat etwas Besonderes. Wie aufregend, das Eiersuchen zur Osterzeit, wie lustig die Wasserspiele im Sommer. Wie schön flattert im Herbst ein

selbstgefertigter Papierdrachen im Wind. Wie gut riecht es in der Vorweihnachtszeit im ganzen Haus nach Kerzen, Tannengrün und Gebäck. Jahreszeiten und Feste helfen Kindern, sich im Jahreslauf zu orientieren. Mit der Zeit entwickelt jede Familie bestimmte Rituale zu den Jahreszeiten und großen Festen. Pflegen Sie diese Rituale ganz bewußt. Es ist nicht notwendig, sich in jedem Jahr zu jedem Fest etwas Neues einfallen zu lassen. Bei ganz kleinen Kindern prägen sich durch Wiederholungen bestimmte Gewohnheiten ein, die im Laufe der Jahre vertieft und später dann auch verändert werden können.

Das ist Lea, das ist Klaus

Wenn kleine Kinder Freunde einladen

Kleine Kinder zieht es meist zu anderen Kindern. Die ersten Kontakte zu Gleichaltrigen werden oft in einer Spielgruppe oder in der Nachbarschaft geknüpft. Vielfach kommen die ersten Begegnungen noch über Mutter und Vater zustande, die sich mit anderen Eltern austauschen und anfreunden. Und so stehen eines Tages andere Kinder mit ihren Müttern bzw. Vätern vor der Tür. Aber die ersten Treffen verlaufen nicht immer konfliktfrei. Von der anfänglich flüchtigen Kontaktaufnahme bis zu einem wirklich gemeinsamen Spiel ist es oft ein weiter Weg. Hier können manchmal Spiele helfen, um die Kinder einander näherzubringen und das Gefühl von Fremdheit und Scheu zu überwinden.

Wie geht es dir? Spiele zur Begrüßung

Wenn Kinder und Erwachsene sich noch nicht so gut kennen, dann ist eine kleine Vorstellungsrunde angebracht. Aber auch sonst kann die gegenseitige Begrüßung immer ein schöner Auftakt sein.

Ich sage „Hallo"

Hallo, Sina,
Hallo, Sina,
wie geht es dir heut?
Du bist heut gekommen,
was uns alle sehr freut.

Hallo, Daniel, ...
hallo, Stephan, ...
hallo, Jochen ...
Überliefert

▶ Jedes einzelne Gruppenmitglied wird angesprochen und mit Namen vorgestellt.
Erfinden Sie am besten eine Melodie dazu!

Seid ihr alle da?

Ist der Daniel da?
Ja, ja, ja!
Der Daniel, der ist da!

So sind wir froh
und singen so:
„Ja, ja, ja!
Der Daniel, der ist da!"

Ist der Stephan ... ,
die Sina ... ,
der Jochen ... da?
Überliefert

▶ Blicken Sie in die Runde und suchen Sie das genannte Kind.

▶ Alle klatschen in die Hände.

Wer bist denn du? Spiele zum Kennenlernen

Diese Spiele erleichtern den Kindern die Kontaktaufnahme und stärken das Zugehörigkeitsgefühl zu einer Gruppe.

Bist du zu Haus?

Kinder und Erwachsene sitzen gemeinsam im Kreis. Ein Erwachsener hält ein Wollknäuel in der Hand, blickt in die Runde und fragt: „Ist Isabell zu Haus?" Das Kind meldet sich und der Erwachsene rollt ihm das Knäuel zu, wobei er das Anfangsstück des Fadens in der Hand behält. Das Kind greift nun das Wollknäuel und nennt den Namen eines anderen Kindes: „Ist Stephan zu Haus?", rollt das Knäuel dann zu Stephan, wobei es den Faden am Ende festhält. Schließlich sind alle im Kreis wie durch ein Spinnennetz verbunden.
Bei ganz kleinen Kindern stellt Mutter oder Vater die Frage und hilft beim Festhalten des Fadens.

Teddy begrüßt alle

Nehmen Sie einen Teddybären und singen Sie:

„Der Teddybär will wandern
von einem Ort zum anderen.
Jetzt besucht er ...
(Namen des Kindes nennen)."

Der Teddy wird von Kind zu Kind gegeben, bis alle an der Reihe waren.

Mein Ball, der geht spazieren

Alle sitzen im Kreis. Eröffnen Sie das Spiel mit den Worten:
„Mein Ball, der geht spazieren und besucht den Klaus."
Rollen Sie Klaus den Ball zu. Nun ist Klaus an der Reihe. Er sucht sich ein weiteres Kind aus, nennt seinen Namen und rollt diesem Kind den Ball zu.
Bei ganz kleinen Kindern sprechen Mutter oder Vater den Satz. Das Zurollen schaffen jedoch meist schon die Jüngsten.

Wer kommt mit?

Alle sitzen im Kreis. Nehmen Sie ein langes Seil, und gehen Sie außen um den Kreis herum. Ziehen Sie das Seil hinter sich her und singen Sie:

„Wer kommt mit, wer kommt mit,
die Katze mit dem langen Schwanz,
die kommt mit."

Anschließend zählen Sie die Namen der Kinder auf:

„Der Daniel, der Daniel,
der kommt mit."

Nun faßt Daniel (eventuell zusammen mit Mutter oder Vater) das Seil an und läuft hinterher. Alle Namen werden aufgerufen, bis schließlich alle in der Schlange mitmarschieren.

Wer spielt mit?

Je jünger die Kinder sind, desto mehr schauen sie lediglich dem Spiel der anderen zu bzw. spielen neben einem anderen Kind. Ein richtiges Spielen miteinander findet meist erst im Kindergartenalter statt. Stellen Sie deshalb nicht zu hohe Erwartungen an Ihre Jüngsten. Lassen Sie Ihnen genügend Zeit, sich an Gleichaltrige zu gewöhnen. Die ersten Kontakte sind manchmal noch unbeholfen und enden nicht selten in Streit und Tränen um ein bestimmtes Spielzeug. Trotzdem kann man immer wieder feststellen, daß sich kleine Kinder mit der Zeit gut in Kindergruppen einleben und sich auf die gemeinsamen Treffen freuen. Bei Konflikten zwischen den Kindern sollten Sie nicht sofort eingreifen und schlichten. Viele Auseinandersetzungen können Kinder schon untereinander regeln. Allerdings ist dies nicht immer der Fall. Je nach Kind und Situation ist manchmal Hilfe und Vermittlung durch einen Erwachsenen notwendig.

Die folgenden Spielideen sind so ausgewählt, daß zwei, drei oder mehr Kinder eine Zeitlang zusammen beschäftigt sind. Sie geben ihnen Gelegenheit, Kontakte zu knüpfen.

Wieviel darf's denn sein?

Wenn Ihr Kind gerne Kaufen und Verkaufen spielt, mit ein paar Kartons können Sie einen Mini-Laden aufbauen. Ein größerer Karton wird das Ladenregal, ein kleinerer Schuhkarton die Theke. Kleinere Dosen und Schachteln werden mit Rosinen, Haferflocken, Cornflakes und anderen Dingen gefüllt und auf das Ladenregal gestellt. Kleine Körbe und Tüten bereitstellen. Ein größeres Kind ist der Verkäufer, die anderen kaufen ein. Aber auch Teddy kann als Verkäufer hinter der Theke sitzen.

Es wird gekocht

Schon ganz kleine Kinder spielen einfache Rollenspiele. Dabei ahmen sie ganz alltägliche Handlungsabläufe nach. Wie wäre es mit Essenkochen? Malen Sie mit Filzstift auf einen Pappkarton Herdplatten auf. Sie können auch an der Seite Nähgarnrollen als Drehknöpfe zum „Ein- und Ausschalten des Herdes" anbringen. Geben Sie den Kindern kleine Kochtöpfe, Holzlöffel, Schneebesen. Dazu Kastanien, Perlen, Muscheln. Nach dem Kochen wird der Tisch gedeckt. Puppen und Teddys dürfen mitessen.

Großer Abwasch

Kleine Kinder plantschen meist gern mit Wasser. Eine große Waschschüssel oder mehrere kleine Schüsseln werden mit Wasser gefüllt, Spülbürste, Lappen, Geschirrtücher bereitgestellt. Nun wird das Puppengeschirr abgewaschen. Dieses Spiel begeistert mehrere Kinder für längere Zeit. Damit das Kinderzimmer nicht unter Wasser steht, dieses Spiel im Freien oder im Garten durchführen!

Variation:
Einige Kinder „waschen" Puppenwäsche. Anschließend hängen sie die Wäsche gemeinsam im Garten auf.

Autowaschanlage

Am meisten Spaß macht dieses Spiel im Freien, wenn viele Kinder mithelfen. Der Bobbycar wird wie ein richtiger LKW gewaschen. Wasser, Gießkannen, Becher, Schüsseln, Schwamm, Lappen und Bürsten zur Verfügung stellen. Wird drinnen gespielt, reichen trockene Lappen und Bürsten aus.

Heut schmücken wir das Krabbelhaus

In einen großen Karton zwei Öffnungen für Tür und Fenster schneiden. Wachsmalstifte bereitstellen, und die kleinen Gäste können das Haus bemalen. Spielen die Kinder im Garten, werden auch Fingerfarben angeboten.

Spiele, die Kontakte erleichtern

Halten Sie sich als Erwachsener möglichst zurück. Beobachten Sie immer die konkrete Spielsituation der Kinder, und drängen Sie ihnen keine Spiele auf, die sie nicht mögen. Als kontaktfördernde Spiele sind geeignet:

- Murmelbahn (abwechselnd werfen die Kinder Kugeln hinein)
- Transportier- und Beladespiele (Autos beladen, Eisenbahn aufbauen)
- Puppenspiele (in einer kleinen Puppenecke mit Herd und Möbeln spielen)
- Ballspiele
- motorische Spiele aller Art (klettern, hopsen)

Abschiedslied

Meist werden die Kleinen nach eineinhalb bis zwei Stunden müde. In der Regel merken die Eltern, wann die Zeit zum Aufbruch gekommen ist. Die Kinder sind dann oft sehr anlehnungsbedürftig und wollen auf dem Schoß des Elternteils kuscheln. Spätestens, wenn die ersten Kinder vor Müdigkeit quengeln oder weinen, sollten sich alle mit einem ruhigen, gemeinsamen Lied oder einem anderen Ritual verabschieden.

Alle Leut, alle Leut,
gehen jetzt nach Haus.
Gehn in ihr Kämmerlein,
machen ein Schläfelein.
Alle Leut, alle Leut,
gehn jetzt nach Haus.

Die Uhr schlägt bumm.
Die Zeit ist um.
Das Spiel ist aus.
Wir gehn nach Haus.
Auf Wiedersehn, auf Wiedersehn,
wir müssen jetzt nach Hause gehn.
Die Uhr schlägt bumm.
Die Zeit ist um.

▶ Das Lied im Kreis singen und dazu in die Hände klatschen.

▶ Die Arme ausbreiten. Bei „bumm, um, aus, Haus" in die Hände klatschen.

▶ Winken.

Mein Geburtstag

Der wichtigste Tag im Jahr

Kinder fiebern ihrem Geburtstag entgegen. Je älter sie werden, desto bewußter erleben sie diesen wichtigen Tag. Alles dreht sich um sie. Sie sind die Hauptperson. Dieses Gefühl, im Mittelpunkt zu stehen und einen ganz besonderen Tag zu erleben, ist schon für kleine Kinder von Bedeutung. Nehmen Sie sich Zeit und Muße, um dieses besondere Fest so richtig genießen zu können. Was kann die Besonderheit dieses Tages unterstreichen?

Heute ist mein Tag: Rituale für Geburtstagskinder

Kinder gewöhnen sich mit der Zeit an die Rituale an ihrem Geburtstag und möchten dann jedes Jahr die Wiederholung bestimmter Abläufe. Hierzu einige Anregungen:

• Singen Sie jedes Jahr ein bestimmtes Geburtstagslied (es kann auch aus einer Spieluhr kommen), schmücken Sie den Raum auf eine bestimmte Art oder kochen Sie ein besonderes Lieblingsgericht Ihres Kindes.

• Gibt es etwas, was Ihr Kind besonders erfreut? Eine gemeinsame Aktivität, beispielsweise ein Schwimmbadbesuch mit Mama und Papa, ein Familienpicknick, eine kleine Dampferfahrt oder ein Besuch im Streichelzoo? Auf diese Weise begehen Sie den Ehrentag in vertrauter Familienrunde. Der turbulente Kindergeburtstag kann auch einige Tage später gefeiert werden.

• Mit älteren Kindern können Sie am Geburtstag Fotos und Erinnerungsstücke aus der Babyzeit angucken.

• Schön ist auch ein Geburtstagskasper. Er erzählt, wie groß das Kind schon geworden ist und was es im vergangenen Jahr alles erlebt und gelernt hat.

Aufstehen, dein Geburtstag ist heut!

Die Familienmitglieder schleichen sich leise ans Kinderbett, um das Geburtstagskind zu wecken. Mit einer Spieluhr, die ein Geburtstagslied spielt, oder mit einer brennenden Kerze in der Hand. Wenn das Geburtstagskind die Augen aufschlägt, so sieht es gleich, daß heute ein besonderer Tag ist. Wie wäre es mit einem Geburtstagsständchen?

Geburtstagskranz

Geburtstagskinder werden herausgeputzt und bekommen einen ganz besonderen Kopfschmuck. Andere Kinder freuen sich manchmal über eine kleine Geburtstagsbemalung. Manchmal reicht ein Punkt, den Sie mit Schminke auf die Nasenspitze des Kindes tupfen, oder eine gemalte Blume auf die Wange.

Kräht der Hahn

Kräht der Hahn früh am Morgen,
kräht er laut, kräht er weit:
Guten Morgen, lieber Peter,
dein Geburtstag ist heut.

Guckt das Eichhörnchen runter:
Wenig Zeit, wenig Zeit!
Guten Morgen, lieber Peter,
dein Geburtstag ist heut.

Kommt das Häschen gesprungen,
macht Männchen vor Freud:
Guten Morgen, lieber Peter,
dein Geburtstag ist heut.

Steht der Kuchen auf dem Tische,
macht sich dick, macht sich breit:
Guten Morgen, lieber Peter,
dein Geburtstag ist heut.
Überliefert

Haarkranz

Einen Papierstreifen in der Kopfgröße Ihres Kindes zuschneiden und mit einer Nadel feine Löcher im Abstand von etwa 2 cm hineinstechen. Durch die Löcher die Stiele von Wiesenblumen, die Sie zuvor mit Ihrem Kind gesammelt haben, oder Kreppapierblumen stecken. Die Stengel auf der Innenseite mit Klebeband befestigen und die Enden des Papierstreifens zusammenkleben.

Variation:
Schneiden Sie drei Kreppapierstreifen zu. Flechten Sie daraus einen Zopf, und kleben Sie die Enden so zusammen, daß am Hinterkopf des Kindes noch die einzelnen Streifen lose herabhängen werden.

Königskrone

Schneiden Sie aus festem Papier einen etwa 5-6 cm breiten Streifen zu. Mit Hilfe einer großen Schere können Sie nun spitze Zacken hineinschneiden. Ihr Kind malt die Krone vor dem Fest mit Wachsmalstiften, Fingerfarbe oder goldener Wasserfarbe an.

Schwimmender Kerzengarten

Keine Angst vor brennenden Geburtstagskerzen. Dieser Wassergarten ist auch für die Kleinsten geeignet. Eine große Glasschüssel mit Wasser füllen und – entsprechend dem Alter des Kindes – ein, zwei, drei oder mehr Schwimmkerzen hineingeben. Im Wasser, rund um die Kerzen, können dekorativ einzelne Blätter und Blüten oder winzige Schwimmtierchen und kleine Schiffchen schwimmen.

Geschenke suchen

Die Geschenke sind im Zimmer versteckt, und das Geburtstagskind sucht sie. Mit den Worten „heiß" und „kalt" helfen Sie ihm bei der Suche. Eine lustige Entdeckungsreise, die viel Spannung verspricht!

Hier ist mein Platz

Schmücken Sie den Sitzplatz des Kindes je nach Jahreszeit und persönlichen Vorlieben: den Eßplatz mit Blüten, den Stuhl mit einer Girlande oder einer Traube Luftballons.

Geburtstagsschlange

Suchen Sie mit Ihrem Kind einige Tage vor dem Fest mehrere flache und einen dicken, rundlichen Kieselstein mittlerer Größe. Dazu Moos und etwa drei kleine Blätter und Blüten. Am Platz des Geburtstagskindes breiten Sie das Moos aus. Darauf legen Sie aus den Kieselsteinen eine lange Schlange und als Kopf den rundlichen Stein, auf den Sie zwei Augen und eine Zunge aus kleinen Blättern kleben. Stellen Sie nun auf einige der Steine Teelichter. Dekorieren Sie das Moos um die Schlange herum mit Blüten.

Geburtstagslieder

So alt bin ich

Hoch soll er (sie) leben,
hoch soll er leben,
zweimal (dreimal) hoch.
Er lebe hoch, er lebe hoch,
er lebe hoch,
er lebe hoch, er lebe hoch,
er lebe hoch,
hoch, hoch,
er lebe hoch,
hoch, hoch,
er lebe hoch,
er lebe hoch!
Überliefert

▶ Sie heben Ihr Kind mitsamt dem Stuhl entsprechend oft in die Höhe. Ältere Kinder dürfen dann vom Stuhl herunterspringen.

Viel Glück und viel Segen

Viel Glück und viel Segen
auf all deinen Wegen,
Gesundheit und Frohsinn,
sei auch mit dabei.
Überliefert

Mit diesem kurzen Lied wird das
Geburtstagskind zum festlich gedeckten Tisch geführt.

Alle freuen sich

Die Familienmitglieder (oder auch die
Gäste!) sitzen um den Tisch. Eventuell
hat jeder eine Schütteldose oder ein
Glockenband in der Hand, um den
Gesang mit Klängen zu unterlegen.

Die Maren hat Geburtstag,
trallalallala,
die Maren hat Geburtstag,
trallalallala.
Da freun sich alle Gäste, trallalallala,
da freun sich alle Gäste, trallalallala.

Da freut sich auch die Mama,
trallalallala,...
da freut sich auch der Papa,
trallalallala...
(die Meike, der Klaus, die Lea usw.)
Überliefert

Zählen Sie nacheinander die Namen
aller Anwesenden auf.

Das Lied vom Schenken

Melodie:
Ein Männlein steht im Walde

Ich schenk dir eine Muschel,
sie glänzt so fein.
Die Muschel soll dir sagen:
Heut bist du nicht allein.
Heut ist dein Geburtstagsfest,
heute sind wir deine Gäst.
Wir tanzen vor Vergnügen
auf einem Bein.

Ich schenk dir eine Wolke,
leg sie in deinen Arm.
Die Wolke soll dir sagen:
Ich halt dich warm.
Heut ist dein Geburtstagsfest,
heute sind wir deine Gäst.
Wir tanzen vor Vergnügen
auf einem Bein.

Ich schenk dir eine Blume,
sie duftet süß.
Die Blume soll dir sagen,
daß ich dich grüß.
Heut ist dein Geburtstagsfest,
heute sind wir deine Gäst.
Wir tanzen vor Vergnügen
auf einem Bein.

Ich schenk dir eine Murmel,
sie ist ganz bunt.
Die Murmel soll dir sagen:
bleib schön gesund.
Heut ist dein Geburtstagsfest,
heute sind wir deine Gäst.
Wir tanzen vor Vergnügen
auf einem Bein.

▶ Alle stehen im Kreis.
Das Geburtstagskind sitzt auf einem
Stuhl in der Mitte.
Nacheinander werden Muschel,

▶ Wolke (aus Watte),

▶ Blüte (echt oder aus Papier)

▶ und eine dicke Murmel überreicht.

▶ Die Gäste tanzen auf einem Bein,
hüpfen oder springen im Kreis
herum.

71

Es geht hoch her: Kleine Gäste kommen

Sehen Sie dem Geburtstag möglichst gelassen entgegen. Wichtig ist nicht der perfekte Ablauf, sondern die persönliche Begegnung in gemütlicher Atmosphäre und die gute Stimmung. Wenn andere Kinder zu Besuch kommen, setzen sich alle Gäste zusammen zu einem Kreis und beginnen den Kindergeburtstag mit einem Lied oder Fingerspiel. Auch zum Abschlußritual sollten sie einen gemeinsamen Kreis bilden. Der Geburtstag wird so zu einer runden Sache. Kinder unter drei Jahren werden sicherlich mit einem Elternteil an dem kleinen Fest teilnehmen. Vielleicht organisieren Sie eine zusätzliche Kinderbetreuung, damit die Großen auch mal ungestört ein paar Worte wechseln können. Ganz kleine Kinder brauchen kein festgelegtes Spieleprogramm. Je nach Situation und Stimmung improvisieren. Halten Sie Luftballons, Papierreste, Pappkartons, Kissen, Tücher und Seifenblasen bereit. Im Sommer bieten sich im Garten Schüsseln mit Wasser, Gießkannen und ein Plantschbecken an.

Wenn sich die Kleinen ausreichend aneinander gewöhnt haben und ruhig und aufnahmebereit sind, können Sie ein Gruppenspiel anregen. Vielleicht rufen Sie die Kinder mit Flötenspiel oder Händeklatschen oder einem Lied herbei.

Ein Spaß mit Seifenblasen

Seifenblasen sind ein Dauerbrenner bei den Kleinen. Die Kinder können versuchen, die Seifenblasen mit den Händen zu fangen. Besonderen Spaß machen Riesenseifenblasen (Spielzeuggeschäft).

Topfsuchen

Stellen Sie einen Kochtopf im Zimmer oder Garten auf, für ganz kleine Kinder an einen für sie sichtbaren, aber entfernten Ort. Unter dem Topf liegt ein Preis, eine große Muschel oder ein Spielzeug.

Ein Kind soll nun den Topf suchen und darf dann mit einem Holzlöffel darauf herumtrommeln. Was ist darunter verborgen?

Wenn die Kinder schon älter bzw. geübter sind, können Sie den Topf auch hinter Möbelstücken oder einem Busch im Garten verstecken. Größeren Kindern verbindet man vor dem Suchen mit einem Tuch die Augen.

Die Henne Berta

Schneiden Sie aus Plakatkarton ein Huhn aus. Ihr Kind bemalt das Huhn vor dem Fest bunt. Kleben Sie das Huhn auf den Henkel eines Einkaufskorbs. Verteilen Sie im Raum viele Eier (aus Plastik oder aus gepreßter Watte). Alle Kinder bewegen sich bunt durcheinander, bei dem Ruf: „Berta, Berta, leg ein Ei!", versuchen die Kinder ein Ei zu Henne Berta in den Korb zu legen. Wiederholen Sie das Spiel so oft, bis sämtliche Eier gefunden wurden. Dieses Spiel eignet sich besonders für die Kleinsten, da es hier keine Verlierer gibt.

Krabbelgarten

Draußen können Sie, damit die kleinen Gäste ihren Bewegungsdrang voll ausleben können, einen Krabbelgarten aufbauen: Zum Hüpfen Matratzen oder Matten bereitlegen, für Kletteraktionen einen Weg aus Kisten, Saftkästen und Paletten vorbereiten. Balancieren können die Kinder über ein Brett, das auf zusammengerollten Decken oder dicken Steinen liegt. Krabbeln können sie durch einen großen Karton oder einen alten Autoreifen. Ein trockenes, sauberes Regenfaß kann – mit Kissen ausgepolstert – als Schaukelröhre einsetzt werden. Ein aufgeblasenes Kinderplantschbecken voller kleiner Bälle, Muscheln, Luftballons oder Papierreste wird zu einem Erlebnisbecken. Die Kinder können ein- und aussteigen, tasten, wühlen und sich darin wohlfühlen.

Geburtstagspolonaise

Ein Tanz um den gedeckten Tisch herum oder eine Polonaise durch die einzelnen Räume bringt Gäste einander näher und lockert die Stimmung auf.
Alle Gästen fassen sich an den Schultern oder Händen und bilden eine lange Schlange.

Melodie:
Das Wandern ist des Müllers Lust
Betonen Sie das Wort „feiern" in jeder 3. und 7. Zeile („Das Fa-hei-ern").

Das Feiern, das ist eine Lust,
das Feiern, das ist eine Lust,
das Feiern.
Heut gibt es hier ein großes Fest,
das uns die Welt vergessen läßt,
das uns die Welt vergessen läßt,
wir feiern.

Der Dennis und die Barbara,
der Peter und die Claudia,
sie feiern.
Die Kerzen brennen am Geburtstags-
kranz,
wir treffen uns zu Spiel und Tanz.
wir treffen uns zu Spiel und Tanz
und feiern.

Wir tollen durch das ganze Haus,
und werfen Katz und Mäuse raus.
Und feiern.
Am Abend gehn wir müd nach Haus
und schlafen uns mal richtig aus,
und schlafen uns mal richtig aus,
vom Feiern.

Brezelschnappen

An einer dünnen Schnur hängt eine kleine Salzbrezel. Zwei Erwachsene halten diese Schnur etwa in Kinderhöhe. Ein Kind schnappt mit dem Mund nach der Brezel und versucht, sie zu essen.

Ringel, Rangel, Rose

Ein Erwachsener und ein Kind bilden jeweils ein Paar. Alle stellen sich im Kreis auf. Die Paare stehen sich gegenüber und halten jeweils einen langen Kreppapierstreifen am Ende fest. Auf diese Weise entsteht ein buntes Geburtstagsrad, das sich auch in Bewegung setzt.

Ringel, Rangel, Rose,
Butter in die Dose,
Schmalz in den Kasten,
morgen wolln wir fasten,
übermorgen Lämmchen streicheln,
das soll sagen: „mähhhh!"
Überliefert

Alle singen das Lied, bewegen sich auf der Kreislinie und gehen bei dem Wort „mäh" gemeinsam in die Hocke.

Fische angeln

Aus Moosgummi große Fische schneiden und mit einem Magneten aus dem Bastelgeschäft bekleben. Für die Angeln je ein Band an einen Stock knoten und am Ende des Bandes ebenfalls einen Magneten befestigen. Die Fische in eine Schüssel oder in ein Kinderplantschbecken legen. Jedes Kind erhält eine Angel und versucht, möglichst viele Fische aus dem Becken herauszufischen.

Das Spiel zum Auspacken

Wenn andere Kinder Geschenke mitgebracht haben, setzen sich alle in einen Kreis. Ein Erwachsener oder ein Kind dreht eine Flasche auf dem Boden. Auf welches Kind zeigt der Flaschenhals? Dieses darf nun sein persönliches Geschenk überreichen. Ist dieses ausgepackt, beginnt das Flaschendrehen von neuem.

Mein Geburtstagsbaum

Kleinen Präsente oder Preise für die Gäste werden in ein selbstgebasteltes Körbchen (Schachtel, Obstkörbchen) gelegt. Diese Körbchen haben Henkel (angeklebte Papierstreifen), sind mit dem Namen des kleinen Gastes und einem Abziehbildchen gekennzeichnet. Die Körbchen hängen in einem Strauch oder niedrigen Baum im Garten oder an Zweigen im Zimmer.
Am Schluß der Feier nimmt jedes Kind sein Körbchen vom Baum.
Die Kinder können übrigens auch um den Geburtstagsbaum herumtanzen.

Die Katzen machen Karneval

Spielideen zur Faschingszeit

Das neue Jahr hat begonnen. Schon ist bald Fasching und Frühlingszeit. Selbst wenn sich viele Kinder nicht selbst verkleiden mögen, so freuen sie sich doch über Luftschlangen, bunte Ballons und lustige Masken.

Verkleidungsspaß

Ihr Kind erhält viele alte Kleidungsstücke, Hüte, Handtaschen, Tücher, Decken und andere Requisiten und verkleidet sich nach Wunsch und Laune. Wichtig ist der Spiegel, um die Verwandlung auch selbst begutachten zu können. Ihr Kind kann sich auch noch mit Schminkstiften anmalen. Nicht alle Kinder mögen die Maskerade. Achten Sie darauf, daß Sie das Kind nicht gegen seinen Willen schminken oder verkleiden. Manchmal reichen ihm auch bunte Tücher und sparsame Requisiten.

Maskenfest

Aus einem runden Pappteller Öffnungen für Augen, Nase, Mund ausschneiden. Ihr Kind bemalt die Maske mit Stiften und klebt als Haare Luftschlangen oder Federn auf. Befestigen Sie an beiden Enden der Maske ein Hutgummi. Nun erfolgt die Anprobe. Paßt die Maske? Wen könnten wir damit überraschen?

Rucki-Zucki

Und der rechte Arm geht vor
und wieder zurück,
und wieder hervor,
das ist alles nur ein Trick.
Und wir tanzen Rucki-zucki,
und wir drehen uns dabei,
das ist der letzte Schrei.

Rucki-zucki,
rucki-zucki,
rucki-zucki,
das ist der neuste Tanz.

Und der linke Arm geht vor
und das rechte (linke) Bein geht vor
und der Kopf geht vor …
Überliefert

Luftschlangenspaß

Wer hat genug Puste, um eine Luftschlange weit durch den Raum fliegen zu lassen? Achtung, fertig, und … pusten!
Es ist für Kinder faszinierend zu beobachten, wie sich die Papierschlange weit durch die Luft schlängelt.

In der Gruppe:
Jedes Kind erhält eine Luftschlange und darf sie über den Tisch pusten. Zum Schluß wird die ganze Pracht auseinandergerissen, so daß die Fetzen fliegen.

► Heben und senken Sie den rechten Arm. Wedeln Sie mit beiden Armen und drehen Sie sich dabei.

► Wedeln Sie weiter mit den Armen, gehen Sie dabei mehrmals in die Hocke und klatschen Sie zum Schluß in die Hände.

► Machen Sie dem Kind den Tanz vor. Viele Kinder ahmen die Bewegungsabläufe gleich nach, selbst wenn vielleicht noch nicht alle Schritte auf Anhieb klappen.

Verkleiden?
Nicht nur zur Faschingszeit

Wer kleine Kinder beobachtet, kann oft feststellen, daß sie noch keine rechte Freude an der Maskerade zu Fasching haben. Erst im Kindergartenalter denken sich Kinder typische Kostüme aus und nehmen dazu auch die passenden Rollen ein. Für die ganz Kleinen ergibt sich die Freude am Verkleiden meist aus einer konkreten Stimmung und Situation heraus. Und diese Stimmung ist nicht an eine Jahreszeit gebunden. Da wird spontan Mutters Hut aufgesetzt und dazu eine Decke umgelegt. Fertig ist der Verkleidungsspaß. Am besten geben Sie Ihrem Kind das ganze Jahr über die Gelegenheit, in einer Kleiderkiste zu kramen und sich nach Lust und Laune zu verkleiden.

Ramba-zamba

Melodie:
Alle Vögel sind schon da

Kinder, heut ist Karneval,
kommt, wir tanzen fröhlich,
Narren singen, musizieren,
pfeifen, trommeln, dirigieren.
Fasching ist ein buntes Fest,
kommt, wie schunkeln alle.

Wie wir heute lustig sind,
flink und froh uns regen.
König, Hexe, Clown und Bär
ziehen fröhlich hinterher.
Fasching ist ein buntes Fest,
kommt, wie schunkeln alle.

Maren hat 'nen Cowboyhut,
Hans trägt eine Maske.
Kleb dir eine Nase dran,
damit ich dich nicht sehen kann.
Fasching ist ein buntes Fest,
kommt, wie schunkeln alle.

Bunte Schlangen, Luftballons
fliegen durch das Zimmer.
Rucki-zucki, um-tata,
ramba-zamba, hop-sa-sa.
Fasching ist ein buntes Fest,
kommt, wie schunkeln alle.

▶ Das Kind kann zu dem Lied mit Klangdosen klappern und zu dem Refrain kräftig schunkeln.

In der Gruppe:
Die Kinder bewegen sich zur 1. und 2. Zeile des Textes rechts herum im Kreis. Dann ändern sie die Richtung. und bewegen sich zur 3. und 4. Zeile links herum. Zum Refrain „Fasching ist ein buntes Fest" gehen sie gemeinsam in die Kreismitte und wieder zurück. Bei „kommt, wie schunkeln alle" wiegen sie Arme und Körper hin und her.

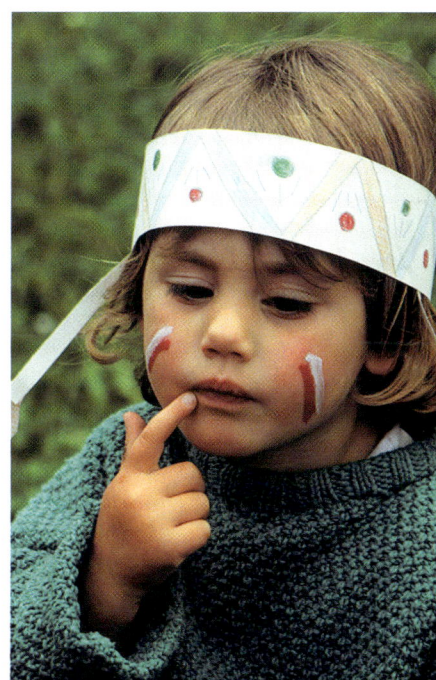

Konfetti, Konfetti

Ihr Kind streicht ein Blatt Papier mit Kleister ein. Nun läßt es einen Konfettiregen auf das Blatt regnen. Nach dem Trocken kann das Bild im Zimmer aufgehängt werden.

Guten Tag, Herr Luftballon

Pusten Sie einen Luftballon auf, und ziehen Sie den Knoten über einen Flaschenhals. Nun kann der Luftballon geschmückt werden: Mit Kleister werden Papierschnipsel aufgeklebt. Ältere Kinder malen vielleicht ein Gesicht auf den Ballon. Zum Schluß erhält Herr Luftballon noch wuschelige Haare aus Luftschlangen, die mit Hilfe eines Erwachsenen aufgeklebt werden.

Sitzt ein Has im Gras
Frühlings- und Osterspiele

Wenn wir mit kleinen Kindern durch die Natur gehen, so nehmen sie den Frühling mit all ihren Sinnen wahr: Frühlingsblumen stecken neugierig ihre Köpfe aus der Erde. Überall duftet es herrlich frisch. Ein Höhepunkt ist sicherlich das Osterfest. Fast alle Kinder finden es spannend, nach versteckten Ostereiern und kleinen Geschenken zu suchen. Manchmal sind sie so begeistert, daß sie gleich am nächsten oder übernächsten Tag noch einmal suchen möchten. Warum nicht? Versteck- und Suchspiele lassen sich beliebig oft wiederholen.

Frühlingsgarten

Ein Stück Plastikfolie wird auf dem Schrank, dem Tisch oder der Fensterbank ausgebreitet. Ihr Kind legt eine Lage Watte darauf und streut anschließend Kressesamen darüber. Werden diese mehrmals vorsichtig mit der Sprühflasche befeuchtet, so sprießt schon nach wenigen Tagen eine frische grüne Wiese. Diese Wiese kann nun mit kleinen Topfpflanzen, Vögeln, Zwergen, Hasen und Ostereiern dekoriert werden.

Ratespiel

Ach, was sitzt denn da im Gras?

Ist das nicht ein kleiner Has?

Ostereier aus Papier

Wenn kleinen Kindern das Bemalen von Ostereiern noch schwer fällt, so schneiden Sie doch aus Papier oder Pappe große Eiformen aus. Nun kann Ihr Kind diese Papiereier mit Fingerfarben bunt anmalen. Nach dem Trocknen wird auch die Rückseite verziert. Die Eier werden dann mit einem dünnen Bindfaden versehen und in Zweigen aufgehängt. Man kann sie auch gut als Mobile von der Decke herab baumeln lassen.

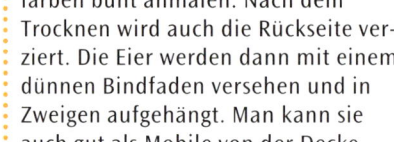

▶ Falten Sie das Taschentuch in der Mitte und nehmen Sie es so in Ihre Faust, daß gerade zwei Zipfel herausschauen. Ziehen Sie nun beide Zipfel als Hasenohren heraus und lassen Sie den Hasen davonhüpfen.

Osternest

Aus Naturmaterialien läßt sich ein interessantes Nest fertigen: Sammeln Sie gemeinsam mit Ihrem Kind bei einem Spaziergang Moos und Zweige, die sich leicht biegen und formen lassen. Binden Sie die Zweige zu einem Kranz zusammen, legen Sie das Gebinde auf einen großen Teller oder ein Tuch, und geben Sie gemeinsam mit Ihrem Kind das gesammelte Moos hinein. Nun kann Ihr Kind dieses Nest mit Eiern und kleinen Ostergeschenken füllen oder mit Fundsachen aus der Natur schmücken.
Das Osternest läßt sich auch als Versteck für Ostereier hinter einem Busch im Garten einsetzen.

Häschen in der Grube

Formen Sie aus Märchenwolle oder Watte einen kleinen Hasen. Kopf und Rumpf können Sie mit einem dünnen Band abbinden. Die Ohren ziehen Sie einfach aus dem Material heraus. Formen Sie aus Ihren Händen eine „Grube" und setzen Sie den Hasen hinein.

Häschen in der Grube
saß und schlief,
saß und schlief.
Armes Häschen, bist du krank,
daß du nicht mehr hüpfen kannst.
Has hüpf, Has hüpf,
Häschen hat sich ausgehüpft.
Überliefert

Bei dem Stichwort „hüpfen" öffnen Sie die Hände. Ihr Kind nimmt den Hasen und hüpft mit ihm davon.

Henne Wenne

Im Hühnerhaus,
im Hühnerhaus,
in einem weichen Nest.

Da sitzt die Henne Wenne,
ganz oben auf der Tenne.

Sie sitzt und sitzt,
und jeder fragt:
Was macht die wohl
den ganzen Tag?
Grad geht die liebe Sonne auf,
da hört man laut
„Tock-tock" im Haus.
Schon fliegt die Henne Wenne
herunter von der Tenne.
Und in dem weichen, warmen Nest,
was liegt denn da?
War's Zauberei?
Ein wundersames Hühnerei.

Willst du es sehn?
Dann komm schnell her.
Ich hol es raus und schenk es dir!

Osterhase, wo bist du?

Hat Ihr Kind einen Stoffhasen? Es macht Spaß, nicht nur Ostereier, sondern auch mal den Osterhasen persönlich zu suchen. Verstecken Sie den Stoffhasen im Zimmer. Nun rufen Sie mit dem Kind gemeinsam: „Osterhase, wo bist du?" Das Kind geht suchend im Raum herum. Jedesmal, wenn sich das Kind dem Hasen nähert, machen Sie ein deutliches Geräusch (piepen, scharren usw.). Wenn Ihr Kind den Hasen gefunden hat, wird er an einem anderen Ort versteckt.

In der Gruppe:
Alle Kinder sitzen im Kreis und rufen: „Osterhase, wo bist du?" Sie schwirren gemeinsam aus, um den Hasen zu suchen. Wer ihn gefunden hat, darf ihn das nächste Mal verstecken.

▶ Beide Hände zeigen ein spitzes Hausdach.
▶ Aus einer Hand ein Nest formen. Aus der anderen Hand eine Faust machen und ins „Nest" setzen.
▶ Hand mit dem Nest und der Henne nach oben heben.

▶ Mit beiden Händen Sonne andeuten.
▶ Laut gackern.
▶ Die Henne (Faust) fliegt aus dem Nest.

▶ Auf die Handfläche ein Hühnerei legen (ersatzweise ein Stück Knete).

▶ Dem Kind das Ei in die Hand geben.

Ach, wo ist das Ei?

In der Gruppe:
Für Kinder ist beim Osterfest das Eiersuchen eine ganz wichtige Erfahrung. Schon die Allerkleinsten begreifen ganz schnell einfache Suchspiele. Hier ein Gesellschaftsspiel, das auch mehreren Kindern Spaß macht:
Dazu benötigen Sie ein Ei (Hühnerei oder Kunststoff). Legen Sie fünf oder mehr Haushaltsschüsseln umgedreht auf den Tisch (je nach Anzahl der Mitspieler). Die Mitspieler halten sich die Augen zu oder drehen sich um. Unter eine der Schüsseln wird nun rasch das Ei gelegt. Einer nach dem anderen darf raten. Liegt es da? Die Schüssel wird umgedreht, um nachzuschauen. Nein, da liegt es nicht. Also ist der nächste Spieler an der Reihe. Wer das Ei entdeckt hat, darf es bei der nächsten Spielrunde verstecken.
Zu Ostern darf unter den Schüsseln auch ruhig ein Schokoladenei liegen.

Osterküken

In der Gruppe:
Formen Sie aus einer dicken Wattekugel Kopf und Rumpf eines Kükens. Alle Kinder sitzen im Kreis. Vorsichtig wird das Küken von Kind zu Kind gegeben. Jeder darf es streicheln. In der Mitte des Kreises steht ein Körbchen. Sagen Sie den Spruch „Küken, Küken, flieg ins Nest", so bringt das Kind, das gerade das Küken in der Hand hat, dieses schnell ins weiche Nest. Gleich beginnt das Spiel von vorn.

Pitsch, patsch, Wasserspaß

Sommer, Sommer, Sommer

Endlich findet das Spielen mehr draußen statt. Endlich können die Kleinen bei heißem Wetter nackt im Garten herumtollen. Ob sie sich im Planschbecken vergnügen oder sich mit Gießkannen, Bechern und Wasserschlauch patschnaß spritzen:

Wasser ist ein Riesenspaß für unsere Kleinsten. Darüber hinaus bieten auch Sand und Erde vielfältige Erfahrungsmöglichkeiten. Bei solchen Matschspielen fühlen sich die Kinder rundum wohl. Beim Matschen und Schmieren können sie nicht nur

Material- sondern vor allem auch angenehme Körpererfahrungen machen. Auch Bewegungsspiele aller Art sind im Sommer eher möglich als zu anderen Jahreszeiten: im Garten oder auf Spielplätzen, in Parks oder beim Picknick im Grünen.

Interesse für die Natur wecken

Kleine Kinder freuen sich über Blumen und andere Pflanzen. Dabei geht ihr Interesse oft soweit, daß sie Blumen ausrupfen oder Blüten abzupfen. Hier kann ein klares „Nein" Abhilfe schaffen. Wenn Kinder selber einmal Gras oder Kresse in einem Blumentopf säen und das Wachstum beobachten, lernen sie mit der Zeit, daß Pflanzen schützenswerte Lebewesen sind.

Kleine Kinder „helfen" auch gerne im Garten. Natürlich auf ihre Weise. Geben Sie ihnen eine kleine Harke, eine Schippe und ein kleines Beet. Dort können sie nach Herzenslust in der Erde wühlen.

Spritzige Sachen mit Tüten

Füllen Sie verschiedene Plastiktüten mit Wasser. Schneiden Sie eine oder zwei Ecken mit der Schere heraus oder feine Löcher hinein.

In der Gruppe:
Jedes Kind erhält eine Tüte und darf sich selbst oder die anderen Kinder so richtig patschnaß spritzen.

Rutschige Sachen mit Tüten

Legen Sie auf einer Wiese, am besten auf einer leicht abschüssigen, einen Weg aus Plastiktüten und feuchten Sie ihn mit Wasser an. Ihr Kind rutscht über die glitschige Unterlage. Wichtig ist dabei die Hilfestellung eines Erwachsenen, da besonders bei ganz kleinen Kindern Verletzungsgefahr besteht.

Wasserbahn

Ein altes Stück Dachrinne oder Rohr wird so gelegt, daß eine Schräge entsteht, vom Rand des Sandkastens in den Sand hinein. Nun kann Ihr Kind mit einer Gießkanne Wasser hineinschütten und beobachten, wie das Wasser sich im Sand verteilt. Oder auch eine Schüssel an das Rohrende stellen und dort Boote schwimmen lassen.

Kleine Kinder draußen spielen lassen

Geben Sie dem Kind so oft wie möglich Gelegenheit, im Freien zu spielen. Kleine Kinder lieben es, im Sommer nackt herumzulaufen, mit Wasser zu spritzen oder sich mit Fingerfarbe oder eventuell mit Pflanzenfarben eingefärbten Seifenschaum zu bemalen.

Gerne spielen sie auch im Sand und matschen. Mit alten Küchengefäßen, wie Plastikschüssel, Schöpfkelle, Trichter, aber auch mit den eigenen Händen können Kinder den Sand erfahren, formen und gestalten. Achten Sie bei heißem Wetter auf ausreichenden Sonnenschutz: Sonnenschirm bzw. Sonnensegel, Sonnenhut und Sonnencreme mit hohem Lichtschutzfaktor.

Matschkuchen

Rühren Sie Tapetenkleister an. Füllen Sie den Kleister mit der gleichen Menge Sand auf. Rühren Sie das Gemisch gut durch, füllen Sie es in ein großes Gefäß und stellen Sie es im Sommer nach draußen in den Garten oder auf den Balkon. Nun kann Ihr Kind in diesem Sandbrei nach Herzenslust matschen oder mit Förmchen und Löffel „Kuchen" backen, die nach einer Woche Trockenzeit fest werden.

Variation:
Das Kind schüttet den Brei in den Deckel eines Schuhkartons und drückt Muscheln, Steine und Blätter hinein.

Blütenteppich

Ihr Kind sammelt abgefallene Blüten oder pflückt Blütenköpfe auf einer wilden Wiese. Sehr wirkungsvoll sind auch Rosenblätter. Die Blüten bzw. Blütenblätter einige Tage auf einem Stück Papier trocknen lassen. Ihr Kind streicht ein großes Stück Papier mit Kleister ein und streut die Blüten darüber. Nach einer gewissen Trockenzeit entsteht so eine bunte Blumenwiese.

Schmetterlingstanz

Ihr Kind bemalt drei Tee- oder Kaffeefilter mit Farbe. Nach dem Trocknen nehmen Sie zwei Filter (bzw. Filtertüten) und falten sie 2–3mal zu Flügeln. Aus dem dritten Filter rollen Sie einen Schmetterlingskörper und befestigen zwei Pfeifenputzer als Fühler daran. Kleben Sie anschließend den Körper und die Flügel mit Klebeband zusammen. Oder sie fertigen Schmetterlinge aus hauchdünnen Servietten.

Schmetterling, du kleines Ding,
such dir eine Tänzerin.
Jucheirassa, jucheirassa,
oh, wie lustig tanzt man da.
Hei lustig, lustig wie der Wind,
wie ein kleines Blumenkind,
hei lustig, lustig wie der Wind,
wie ein Blumenkind.
Überliefert

In der Gruppe:
Jedes Kind erhält einen Schmetterling in die Hand. Jeder Schmetterling sucht sich einen anderen Schmetterling und tanzt mit ihm zusammen.

Bunte Blätter Fallen
Herbst

Die Tage werden kürzer, das Wetter schlechter. Kein Grund in den eigenen vier Wänden zu hocken. Beim Sammeln von Blättern und Kastanien oder beim Spiel mit dem ersten selbstgebastelten Drachen, erleben die Kinder Natur und Wetter auf ganz neue Weise. In der schönen Laternen- und Lichterzeit erfahren Kinder die Faszination des Lichtes bei den ersten Laternenspaziergängen.

Wenn der frische Herbstwind weht

Wenn der frische Herbstwind weht,
geh ich auf die Felder.
Schicke meinen Drachen hoch,
über alle Wälder.
Und der wackelt mit dem Ohr,
wackelt mit dem Schwänzchen.
Und er tanzt den Wolken vor,
hui, ein lustig Tänzchen.
Text: Albert Sixtus

▶ Geben Sie Ihrem Kind ein dünnes Tuch in die Hand. Das Kind schwingt dieses Tuch hin und her, wirft es in die Höhe und beobachtet, wie es langsam zur Erde zurückgleitet.

In der Gruppe:
Jedes Kind bekommt ein dünnes Tuch in die Hand. Alle gehen im Kreis herum, lassen die Tücher flattern und tanzen.

Blätterwanne

In eine Kinderbadewanne oder ein aufblasbares Plantschbecken Blätter und eventuell Kastanien oder Eicheln füllen. Ihr Kind kann sich nach Herzenslust in der Wanne tummeln und dabei ganz neue interessante taktile Erfahrungen machen. Wenn Sie die Wanne im Haus aufstellen, halten Sie nach dem Spiel Staubsauger und einen großen Müllsack bereit. Sie können den Fußboden auch vorher mit einer Plastikfolie abdecken.

Kastanien und Tannenzapfen

Gerade im Herbst lohnt es sich, hinaus in die Natur zu gehen. Sammeln Sie zusammen mit Ihrem Kind Kastanien und Tannenzapfen, aber auch kleine Stöcke und Zweige. Die halten sich das ganze Jahr über, und Ihr Kind spielt damit in der Puppenküche oder im Kaufmannsladen.

Briefbogendrachen

Ihr Kind bemalt ein rechteckiges Stück Zeichen- oder Briefbogenpapier mit Fingerfarbe oder Wachsmalstiften bunt. Stanzen Sie anschließend mit dem Locher jeweils ein Loch auf die kurzen Seiten des Rechtecks und knoten Sie auf jeder Seite ein etwa 1 bis 1,5 m langes Stück Drachenschnur oder Garn daran fest. Die beiden Fäden am unteren Ende zusammenführen und sie an einen Stock knoten. Mit dem Stock in der Hand läuft das Kind nun durch den Wind, und der Drache fliegt hinter her.

Blättergirlande

Ihr Kind fädelt mit einer Stopfnadel Herbstblätter auf eine lange Schnur, Zwirn oder Draht auf.
Die Girlande kann als Herbstschmuck im Kinderzimmer aufgehängt werden.

Wurfkastanie

Diese Wurfspiele sind auch im Zimmer möglich. Bohren Sie mit einem Bohrer ein Loch in eine Kastanie und geben Sie etwas Klebstoff hinein, in den Sie dünne Kreppapierstreifen drücken. Nach kurzer Trockenzeit können die Kinder die Kastanie durchs Zimmer werfen und zusehen, wie schön sie fliegen kann.

Laterne, Mond und Sterne

Kinder lieben es, in der dunklen Jahreszeit mit Mutter und Vater einen Laternenspaziergang zu unternehmen. Wenn Ihr Kind schnell ermüdet, so nehmen Sie am besten den Kinderwagen mit. Daran kann der Laternenstock mit der Laterne befestigt werden. Übrigens: So sicher elektrische Laternen auch sein mögen, sie können nicht die Faszination von Kerzen entfalten. Schon kleine Kinder begreifen recht schnell, daß man Laternen vorsichtig behandeln muß.

Ein erster Laternenspaß

Ein Frotteehandtuch ein- bis zweimal falten und darauf einen Gold- oder Silberfoliestreifen, den Sie nach Größe der Käseschachtel zuschneiden, legen. Nun kann Ihr Kind mit verschiedenen Gegenständen, wie Nagel, dünnem Bleistift oder Zahnstocher, Löcher in die Folie stechen. Die Metallfolie dann um eine Käseschachtel herumkleben und Kerzenhalter am Boden anbringen. Den oberen Rand mit einem Pappstreifen oder mit dem Deckelrand der Käseschachtel verstärken.
Für eine Tischlaterne können Sie auch auf die Käseschachtel ganz verzichten und ein Teelicht verwenden.

Laternenlied

Laterne, Laterne,
Sonne, Mond und Sterne.
Brenne auf, mein Licht,
brenne auf, mein Licht,
aber nur meine liebe Laterne nicht.

Sie ist so schön,
sie ist so schön,
da kann man mit spazierengehen.
In den grünen Wald,
in den grünen Wald,
wo der Jäger mit der Büchse knallt.
Piff, paff, puff!
Überliefert

Schneeflöckchen, Weißröckchen

Der Winter hält Einzug

Hält der Winter Einzug, dann machen viele Kinder ihre ersten Erfahrungen mit Eis und Schnee. Schon die Kleinsten mögen es, den Schnee mit den Händen zu erforschen oder sich genüßlich hineinplumpsen zu lassen. Auf einem Schlitten mit Kindersitz geht es in munterer Fahrt durch die verschneite Welt. Und sollte es draußen gar zu ungemütlich sein, dann holen Sie sich doch den Schnee ins Haus. Schauen Sie sich mit Ihrem Kind in Bilderbüchern Schnee an oder spielen Sie Schneegestöber – zum Beispiel mit den Fingern oder auch mit Watte.

Eisfiguren

Der Sommer ist lange vorbei. Wo sind die Lieblingsförmchen aus dem Sandkasten geblieben? Gehen Sie mit Ihrem Kind auf die Suche. Nun füllt Ihr Kind einige Förmchen mit Wasser. Legen Sie einen Bindfaden hinein, und stellen Sie die Förmchen bei frostigen Temperaturen ins Freie. Wie von Zauberhand sind nach einigen Stunden lustige Eisfiguren entstanden, die Ihr Kind draußen in Sträucher und kleine Bäume hängen kann.

Schneeballschlacht

Schon den Kleinen bereitet es Vergnügen, andere mit Schnee zu bewerfen oder selbst eine Ladung Schnee abzubekommen. Wenn Sie sehen, daß Ihr Kind Gefallen daran findet, so machen Sie doch mit ihm die erste kleine Schneeballschlacht.
Wenn keine Gelegenheit besteht, ins Freie zu gehen, so können Sie auch eine witzige Schneeballschlacht im Kinderzimmer inszenieren. Dazu suchen Sie Papierreste aller Art, knüllen sie mit dem Kind zusammen, und schon beginnt ein turbulentes Vergnügen.

Flockenkinder

Viele kleine Flockenkinder sind vom Schlaf erwacht.

Viele kleine Flockenkinder wirbeln durch die Winternacht.

Viele kleine Flockenkinder tanzen rund im Kreis.

Viele kleine Flockenkinder fallen auf die Erde leis.

Viele kleine Flockenkinder liegen jetzt in stiller Ruh,

decken Wiesen, Wald und Felder, decken nun die Erde zu.
Überliefert

In der Gruppe:
Die Kinder spielen die Schneeflocken. Sie liegen schlafend auf der Erde, stehen dann auf, wirbeln durcheinander, tanzen im Kreis, lassen sich langsam auf die Erde sinken, kuscheln sich zusammen und schlafen wieder.

▶ Mit den Fingern zappeln.

▶ Auf und nieder zappeln.

▶ Rund herum zappeln.

▶ Auf dem Tisch landen.

▶ Kopf auf die Hände legen.

▶ Über den Tisch streichen.

Schneegestöber

Formen Sie gemeinsam mit Ihrem Kind aus Watte einzelne dicke Flocken. Geben Sie die Flocken in eine Schüssel. Was können wir mit diesen dicken Schneeflocken alles spielen? Wir können einzelne Flocken über den Tisch pusten. Wir können uns auf einen Stuhl stellen und die Flocken nacheinander auf die Erde fallen lassen. Oder aber einzelne Flocken auf ein schwarzes Stück Pappe kleben. Das sieht wie ein richtiger Schnee-schauer aus.

Schneeflöckchen, Weißröckchen,
wann kommst du geschneit?
du wohnst in den Wolken,
dein Weg ist so weit.

Komm setz dich ans Fenster,
du lieblicher Stern.
Malst Blumen und Blätter,
wir haben dich gern.

Schneeflöckchen, Weißröckchen,
deckst die Blümelein zu,
dann schlafen sie sicher in
himmlischer Ruh.

Schneeflöckchen, Weißröckchen,
komm zu uns ins Tal,
dann baun wir den Schneemann
und werfen den Ball.
Überliefert

Eiskristalle

Mischen Sie je eine halbe Tasse Zucker und Wasser in einer kleinen Schüssel. Die Masse sollte nicht zu flüssig sein. Wenn Ihr Kind nun mit dieser trans-parenten Farbe an der Fensterscheibe malt, so entsteht nach dem Trocknen der Eindruck von Eisblumen und Kri-stallen am Fenster.

Im Garten steht ein Schneemann

Melodie:
Ein Männlein steh im Walde

Im Garten steht ein Schneemann
im weißen Rock.
Er drohet uns schon lange
mit seinem Stock.
Schneemann, Schneemann gib nur acht,
daß die Sonne dich nicht müde mach.
Wir tanzen vor Vergnügen im Kreis herum

Da kommt die liebe Sonne,
sie scheint so warm.
Dem Schneemann fällt vor Schreck
der Stock aus dem Arm.
Und auf einem, ach wie dumm,
fällt der ganze Schneeman um.
Wir tanzen vor Vergnügen im Kreis herum.

In der Gruppe:
Nun tanzt die ganze Kinderschar um den Schneemann. Sicherlich möchte jedes Kind einmal Schneemann sein.

Einen Schneemann basteln

Sie benötigen schwarzen Fotokarton, Watte und Klebstoff. Zeichnen Sie auf den Karton den dicken Bauch und den Kopf eines Schneemannes. Nun soll Ihr Kind die Grundfigur mit Kleb-stoff einstreichen, feine Watte-flöckchen abzupfen und in den Kleb-stoff drücken. Zwei schwarze Perlen, Steine oder Kugeln aus Knete werden zum Schluß als Augen aufgeklebt. Soll der Schneemann noch eine Nase be-kommen? Sie kann aus einem Stück Papier gerissen und aufgeklebt wer-den.

Variation:
Geben Sie Ihrem Kind weiße Finger-farbe und einen Korken. Nun kann es den Körper des Schneemannes mit vielen kleinen Kreisen bedrucken.

▶ Ihr Kind steht als Schneemann mit einem Besen im Raum.

▶ Tanzen Sie um das Kind herum.

▶ Das Kind läßt den Stock fallen, und zum Schluß sinkt es selbst als müder Schneemann zu Boden.

▶ Sie tanzen um das Kind herum.

Bald steht das Christkind vor der Tür

Zur Weihnachtszeit

Weihnachten ist mit kleinen Kindern ein besonderes Erlebnis. Aber auch die Zeit der Erwartung und Vorfreude ist voller Spannung. Jetzt wird gewerkelt und geschmückt. Überall im Haus duftet es nach Plätzchen und Tannenzweigen.

Es wäre schade, wenn Sie in dieser stimmungsvollen, besinnlichen Zeit in allzu große Hektik und Aktivität ausbrechen würden. Nehmen Sie sich Zeit und Muße für Ihr Kind. Basteln Sie zusammen an langen Wintertagen Weihnachtsschmuck.

Zünden Sie an den Adventsnachmittagen Kerzen an, betrachten Sie mit Ihrem Kind ein Bilderbuch oder singen Sie mit ihm zusammen ein kleines Lied.

Der Nikolaus kommt

Laßt uns froh und munter sein

Laßt uns froh und munter sein,
und uns recht von Herzen freun.
Lustig, lustig, trala-lala-la,
bald ist Nikolaus Abend da,
bald ist Nikolaus Abend da.

Dann stell ich den Teller auf,
Nikolaus legt gewiß was drauf.
Lustig, lustig, trala-lala, la …

Wenn ich schlaf, dann träume ich,
jetzt bringt Nikolaus was für mich.
Lustig, lustig, trala-lala-la …

Wenn ich aufgestanden bin,
lauf ich schnell zum Teller hin.
Lustig, lustig, trala-lala-la …

Nikolaus ist ein guter Mann,
dem man nicht genug danken kann.
Lustig, lustig, trala-lala-la …
Überliefert

Beim Refrain in die Hände klatschen.

Apfelmännchen Nikolaus

Bohren Sie in eine Walnuß ein Loch, stecken Sie ein Streichholz hinein und das Ganze auf einen Apfel. Legen Sie aus Kreppapier um den Apfel einen Umhang. Ein Dreieck aus Filz wird als Mütze auf die Nuß geklebt. Nun kann Ihr Kind der Figur noch einen Bart aus Watte ankleben und Augen auf die Walnuß malen.

Was seh ich da,
was hör ich da?
Wer kommt denn nun
des Wegs daher?
Sein Bauch ist dick,
sein Kopf ganz klein,
sein Bart ist lang,
wer kann das sein?
Ich glaub, das ist Herr Apfelmann,
der da stapft grad durch den Tann.
Oder ist es gar der Klaus,
dort drüben aus dem Nachbarhaus?
Nein, oh nein, das ist er nicht.
Der hier ist ein anderer Wicht.
Er bringt zur Weihnachtszeit
süße Sachen,
die den Menschen Freude machen.
Apfel, Nuß und Mandelkern,
essen alle Kinder gern.
Schau, jetzt geht er in dein Haus
und leert seinen Sack wohl aus.

Sag, ist´s nicht der... (Nikolaus?)

▶ Lassen Sie den Apfelmann über den Tisch laufen.

▶ Zeigen Sie auf Bauch, Kopf und Bart des Männchens.

▶ Zeigen Sie aus dem Fenster zum Nachbarhaus.

▶ Gehen Sie mit der Figur zu Ihrem Kind und schenken Sie ihm eine Nuß oder eine kleine Süßigkeit.

▶ Lassen Sie Ihr Kind die Frage selbst beantworten!

Advent, Advent, ein Lichtlein brennt

Nüsse knacken

Knick, knack,
knick, knack,
knacken wir die Nüsse,
klacker-klack.

Beim Sprechen dieses Verses Nüsse-
knacken.

In der Gruppe:
Jedes Kind bekommt einen Joghurtbecher mit zwei, drei Nüssen und
klappert laut damit.

Wir sagen euch an

Wir sagen euch an,
den lieben Advent.
Sehet, die erste Kerze brennt.
Wir sagen euch an,
eine fröhliche Zeit,
wartet auf Weihnachten,
macht euch bereit.
Freuet euch, ihr Kinder,
freuet euch sehr,
schon ist nahe der Herr.

Wir sagen euch an,
den lieben Advent,
sehet, die zweite
(dritte, vierte) Kerze...
Überliefert

Dabei die Kerze bzw. die Kerzen des
Adventskranzes anzünden.

Advent

Advent, Advent,
ein Lichtlein brennt.
Erst eins,
dann zwei,
dann drei,
dann vier,
dann steht das Christkind
vor der Tür.
Überliefert

Bei jeder Zahl einen Finger Ihrer
Hand zeigen.

Dicke Schalen

Nehmen Sie ein paar Nüsse in die
Hand, aber so, daß Ihr Kind es nicht
sieht.

Sie klappern laut,
sind ziemlich rund,
du kannst sie essen,
sind gesund:
Dicke Schale,
weicher Kern.
Knack sie nur,
ich mag sie gern.
Nun schau nach
in meiner Hand!
Sind es Nüsse?
Aus dem Weihnachtsland?

▶ Klappern Sie mit den Nüssen. Mit
Gesten das Gesagte andeuten.

▶ Bei „knacken" die Fäuste zu-
sammenschlagen.
▶ Die Hand öffnen.
Das Kind schaut nach.

Weihnachtskerze

Plätzchenförmchen wie Stern, Tannenbaum, Nikolaus in dünne Wachsplatten
in verschiedenen Farben drücken und
Wachsfiguren ausstechen. Das geht
kinderleicht. Die Figuren auf eine
Kerze aufdrücken. Die Weihnachtskerze
auf den adventlich gedeckten Tisch
oder zur Krippe stellen.

Wir bereiten das Fest vor

Weihnachtsschmuck

Ihr Kind rollt einen Salz-Mehl-Teig (1 Tasse Mehl, 1 Tasse Salz, etwa eine halbe Tasse Wasser) aus und sticht Weihnachtssterne, Herzen und andere Figuren aus. Stechen Sie mit einer dicken Nadel eine Öffnung in jede Figur. Nach einer Woche Trocknen können die Figuren angemalt werden. Dann einen Faden durch jede Öffnung fädeln und an Adventsstrauß, am Adventskranz oder im Tannenbaum anhängen.

Variation:
Wählen Sie statt des Salzteiges Platten aus Bienenwachs mit Wabenmuster (Bastelgeschäft). Ihr Kind drückt nun einzelne Ausstechförmchen in die Platten. Jeder Wachsanhänger wird mit einem Faden versehen und aufgehängt.

Weihnachtsfenster

Einen etwa ein Meter langen, 0,50 m breiten, dünnen weißen Karton von den Breitseiten aus zur Mitte falten und wieder aufklappen, so daß drei Felder entstehen. Überprüfen, ob der Karton auf dem Tisch stehenbleibt. Backförmchen, wie beispielsweise Sterne, auf den Karton legen, Umrisse nachzeichnen und ausschneiden. Ihr Kind bemalt mit Wachsmalstiften oder Fingerfarben den Karton bunt. Gelbes Transparentpapier hinter die Öffnungen kleben. Wenn Sie den Karton vor eine brennende Kerze stellen, sieht Ihr Kind im Halbdunkel des Zimmers die Sterne leuchten.

Im Hause duftet es

Die Weihnachtszeit ist die Zeit geheimnisvoller Düfte. Mandarinen mit Gewürznelken spicken. Die Mandarinen und Tannenzweige oder eine Duftlampe im Haus verteilen. Die weihnachtliche Stimmung, die dadurch entsteht, wissen schon kleine Kinder zu schätzen.

Tannenkinder

Tannenkinder stehn im Wald,
haben grüne Spitzen.
Fällt der Schnee vom Himmelszelt,
tragen sie weiße Mützen.

▶ Mit den Händen Tannenspitzen, Schneeflocken und Mützen andeuten.

Springt ein Häslein nun daher,
wackelt mit den Ohren:
„Kinder, es ist Weihnachtszeit,
Jesus ist geboren!"

▶ Die Hände über den Tisch hopsen lassen.
Am Kopf Ohren andeuten.

Schaut ein Mäuschen aus dem Nest,
wackelt mit dem Schwänzchen,
und es tanzt im Tannenwald,
huiii, ein lustig Tänzchen.

▶ Ein Nest mit einer Hand andeuten, mit der anderen eine Maus.
Die „Maus" tanzt.

Singt ein Vöglein auf dem Ast.
Spitz einmal die Ohren!
„Kinder, es ist Weihnachtszeit,
Jesus ist geboren!"

▶ Mit den Händen Vogel und Ast andeuten.

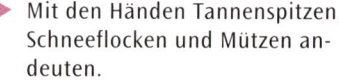

Kling, Glöckchen

Kling, Glöckchen,
klingelingeling,
kling, Glöckchen, kling.
Hört nur in die Stuben,
ihr Mädchen und ihr Buben.
Klingelt mit dem Glöckchen,
klappert mit den Töpfchen.
Kling, Glöckchen,
klingelingeling,
kling, Glöckchen, kling.
Überliefert

▶ Das Kind klingelt mit einem Glöckchen oder einem anderen klingenden Spielzeug.

Die erste Krippe

Selbst wenn kleine Kinder die eigentliche Bedeutung und Tradition des Weihnachtsfestes noch nicht erfassen, so lernen sie doch von Jahr zu Jahr etwas dazu. Lohnenswert ist es, die Grundfiguren einer Krippe anzuschaffen: Maria, Josef und das Jesuskind. Nun können jedes Jahr ein bis zwei neue Figuren dazu kommen: Ochs und Esel, Hirte mit Schafen, Engel, Könige … Sie können auch mit Ihrem Kind gemeinsam die Krippe dekorieren, mit Moos, Tüchern, kleinen Steinen und einer blühenden Pflanze.

Still, weil's Kindlein schlafen will

Still, still, still,
weil's Kindlein schlafen will.
Die Englein tun schön jubilieren,
bei dem Kripplein musizieren.
Still, still, weil's Kindlein schlafen will.

Schlaf, schlaf, schlaf,
mein liebes Kindlein, schlaf!
Maria will dir Lieder singen,
will dir einen Gruß darbringen.
Schlaf, schlaf, schlaf,
mein liebes Kindlein, schlaf.
Überliefert

▶ Das Kind behutsam hin und her wiegen.

Impressum

Die Autorin
Brigitte Wilmes-Mielenhausen,
Erzieherin und Diplom-Pädagogin,
hat viele Jahre als Fachbereichsleiterin
an einer Familienbildungsstätte und
in der Familienberatung gearbeitet.
Sie ist ausgebildete Yoga-Lehrerin
und beschäftigt sich mit Bewegungs-
und Psychomotorik. Von ihr sind
bereits mehrere Bücher zu Eltern-
Kind-Themen erschienen.
Im Christophorus-Verlag hat sie
folgende Bücher veröffentlicht:

Zeig mir, wo die Stille wohnt
Eltern und Kinder entdecken neue
Wege der Entspannung

Paar bleiben mit Kind
Das Partnerschafts-Buch für Eltern

Die Illustratorin
Julia Ginsbach, geb 1967 in Darm-
stadt, studierte in Heidelberg Kunst,
Musik und Deutsch und schloß ihre
Studien am Institut für Kinder- und
Jugendbuchforschung ab. Heute lebt
sie als freie Illustratorin mit ihrem
Mann und vier Kindern, vielen Farben
und Büchern in einem wunderschö-
nen Fachwerkhaus mitten in Blau-
beuren.

ISBN 3-419-52895-7

Covergestaltung und Layoutentwurf:
Network!, München
Coverfotos: Sandra Seckinger u.,
Heidi Velten o.
Fotos: Christoph Schmotz, Seite 67
Heidi Velten, Seite 5, 6, 8–10, 15–30,
33–35, 40, 41, 44–52, 59–65, 68,
70–72, 76, 79 o., 80, 85, 87
Jutta Weser, Seite 4, 7, 14, 32, 36–39,
42, 43, 55, 66, 67, 74, 75, 79 u., 82
Redaktion: Anima Kröger
Layout und Gesamtproduktion:
Print Production, Umkirch
Herstellung: Proost, Turnhout 1999

Quellennachweis:
Seite 19: Hier ist ein Berg, aus:
Hedwig Diestel, Kindertag, Verlag
Freies Geistesleben, Stuttgart 1996.

Hier zeigen wir Ihnen eine Auswahl unserer beliebten und erfolgreichen Bücher – und wir haben noch viele andere im Programm. Wir informieren Sie gerne, fordern Sie einfach unsere Themenprospekte an:

Bücher für Eltern und Kinder

Basteln, Spielen und Lernen mit Kindern

Bücher für Ihre Hobbys

Wir sind für sie da, wenn sie Fragen haben. Und wir interessieren uns für Ihre eigenen Ideen und Anregungen. Faxen Sie, schreiben Sie oder rufen Sie uns an. Wir hören gerne von Ihnen!

Ihr Christophorus-Verlag

Hermann-Herder-Straße 4
79104 Freiburg im Breisgau
Telefon: 07 61/27 17-2 68 oder
Fax: 07 61/27 17-3 52